Aspectos Orçamentários das Parcerias Público-Privadas

2018

Lucas de Moraes Cassiano Sant'Anna

ASPECTOS ORÇAMENTÁRIOS DAS PARCERIAS PÚBLICO PRIVADAS
© Almedina, 2018
AUTOR: Lucas de Moraes Cassiano Sant'Anna
DIAGRAMAÇÃO: Almedina
DESIGN DE CAPA: FBA
ISBN: 978-858-49-3267-2

Dados Internacionais de Catalogação na Publicação (CIP)
(Câmara Brasileira do Livro, SP, Brasil)

Sant'Anna, Lucas de Moraes Cassiano
Aspectos orçamentários das parcerias público-
privadas / Lucas de Moraes Cassiano Sant'Anna. –
São Paulo : Almedina, 2018.

Bibliografia.
ISBN 978-85-8493-267-2

1. Administração pública - Brasil 2. Orçamento
público 3. Parceria público-privada (PPP) - Brasil
4. Parceria Público-Privada (PPP) - Legislação –
Brasil I. Título.

18-12778   CDU-351.712.2(81)

Índices para catálogo sistemático:
1.1. Brasil : Parceria público-privada : Administração pública : Direito administrativo
351.712.2(81)

Este livro segue as regras do novo Acordo Ortográfico da Língua Portuguesa (1990).

Todos os direitos reservados. Nenhuma parte deste livro, protegido por copyright, pode ser reproduzida, armazenada ou transmitida de alguma forma ou por algum meio, seja eletrônico ou mecânico, inclusive fotocópia, gravação ou qualquer sistema de armazenagem de informações, sem a permissão expressa e por escrito da editora.

Fevereiro, 2018

EDITORA: Almedina Brasil
Rua José Maria Lisboa, 860, Conj.131 e 132, Jardim Paulista | 01423-001 São Paulo | Brasil
editora@almedina.com.br
www.almedina.com.br

Aspectos Orçamentários das Parcerias Público-Privadas

Para Marina.

Para Marina.

AGRADECIMENTOS

Aos meus familiares, amigos, colegas de mestrado e de trabalho e clientes pelas discussões sobre o tema deste trabalho.

SUMÁRIO

INTRODUÇÃO 11

1. ASPECTOS HISTÓRICOS DAS PPPS NO BRASIL 19
1.1 As *Private Finance Initiatives* e as PPPs 19
1.1.1 O surgimento das PFIs na Grã-Bretanha 21
1.1.2 O contexto brasileiro 26
1.2 As parcerias 33

**2. O ORÇAMENTO PÚBLICO, A DÍVIDA PÚBLICA
E A NATUREZA DAS DESPESAS COM PPPs** 39
2.1 Considerações iniciais 39
2.2 O orçamento público 39
2.2.1 O Plano Plurianual 43
2.2.2 A Lei de Diretrizes Orçamentárias 48
2.2.3 A Lei Orçamentária Anual 50
2.3 Crédito público 52
2.3.1 Contextualização 52
2.3.2 Definição de crédito público 53
2.3.3 Breve histórico do crédito público 55
2.3.4 O crédito público na Constituição Federal de 1988 56
2.3.5 Os limites ao endividamento público 60
2.4 A natureza das despesas com PPPs 67

3. PPPs E OPERAÇÕES DE CRÉDITO 79
3.1 Introdução 79
3.2 As PPPs são operações de crédito? 83

3.2.1 Limites negativos 86
3.2.1.1 Investimento mínimo 86
3.2.1.2 Prazo inferior a 5 (cinco) anos e prestação dos serviços
para pagamento da contraprestação.. 88
3.2.1.3 Que tenha como objeto único o fornecimento de mão de obra,
fornecimento e instalação de equipamentos ou execução de obra pública 91
3.2.1.4 Síntese do tópico 94
3.3 Aporte de recursos... 97

4. PPPs E ENDIVIDAMENTO.. 101
4.1 Considerações iniciais.. 101
4.2 O risco nas PPPs... 105
4.3 Aplicação da Portaria STN 614 110
4.3.1 Risco de construção... 110
4.3.2 Risco de disponibilidade.. 117
4.3.3 Risco de demanda 120
4.4 Consequências da aplicação da Portaria STN 614 124

5. DEMAIS CONTROLES ORÇAMENTÁRIOS DAS PPPs............................ 127
5.1 Introdução... 127
5.2 Criação de despesa e aderência ao Anexo de Metas Fiscais.................... 127
5.3 Elaboração de estimativa de impacto orçamentário-financeiro............ 131
**5.4 Declaração do ordenador de despesa
e estimativa de fluxo de recursos suficientes** 133
5.5 Receita Corrente Líquida 135
5.6 Empresa estatal não dependente 139

CONCLUSÃO 143

INTRODUÇÃO

Antes de tratarmos da exposição do tema deste trabalho, alguns esclarecimentos precisam ser feitos com relação à terminologia empregada. Isso porque a linguagem fornece inúmeras palavras e expressões que não possuem um significado unívoco. No entanto, o caráter científico desta obra nos impõe o dever de precisão. Assim, a única forma de conciliar o rigor científico com a ausência de um significado unívoco das palavras é estabelecendo, na partida e de maneira convencional, em qual sentido a palavra essencial a este trabalho será utilizada[1].

A primeira palavra cujo sentido merece ser desde já convencionado é PPPs. Para esta pesquisa, PPPs são as modalidades de concessão patrocinada e administrativa, criadas pela Lei Federal 11.079, de 30 de dezembro de 2004, ou Lei de PPPs. Desde já dissociamos as PPPs de outras modalidades de parcerias entre a Administração Pública e a iniciativa privada.

O segundo esclarecimento que deve ser feito se refere ao uso do termo financiamento, que possui várias acepções[2]. Neste trabalho, financiamento

---

[1] Sobre o tema, cfr.: FERRAZ JÚNIOR, Tercio Sampaio. *Introdução ao estudo do direito*: técnica, decisão, dominação. 4. ed. São Paulo: Atlas, 2003. p. 34-39; GUIBOURG, Ricardo A.; GHIGLIANI, Alejandro M.; GUARINONI, Ricardo V. *Introducción al conocimiento científico*. 11. ed. Buenos Aires: Eudeba, 1994. p. 34-35; GORDILLO, Agustín. *Tratado de derecho administrativo*. Belo Horizonte: Del Rey, 2003. t. 1, p. I-16.

[2] *Financiamento* define-se como "ação ou efeito de financiar", ao passo que *financiar* significa "abonar fundos, dinheiro para o funcionamento de alguma empresa; custear" (AULETE, Caldas. *Dicionário contemporâneo da língua portuguesa*. Ed. brasileira revisada por Hamilcar de Garcia. Rio de Janeiro: Delta, 1958. v. 2, p. 2.229). No mesmo sentido o Dicionário Houaiss da

será utilizado no sentido de custeio. Ou seja, para fins deste trabalho financiamento é o ato pelo qual alguém arca com os custos de determinada atividade. Assim, o financiamento de certa atividade por Administração Pública ou iniciativa privada é feito na medida em que um ou outro se torna responsável pelos custos relativos à atividade ou ao investimento.

É bem verdade que há outro sentido vastamente empregado à palavra financiamento, que está ligado à atividade regida por um contrato de empréstimo, sobretudo na espécie mútuo do tipo econômico[3]. Nesse sen-

---

Língua Portuguesa, segundo o qual *financiamento* define-se como "1 ação ou efeito de financiar 1.1 provisão do capital necessário para; custeio, sustento 1.2 cessão de valor monetário 2 esse valor monetário 3 concessão de prazo para pagamento de dívida" (Rio de Janeiro: Objetiva, 2001. p. 1.346).

[3] Nos termos do Código Civil: "Art. 586. O mútuo é o empréstimo de coisas fungíveis. O mutuário é obrigado a restituir ao mutuante o que dele recebeu em coisa do mesmo gênero, qualidade e quantidade". "Art. 591. Destinando-se o mútuo a fins econômicos, presumem-se devidos juros, os quais, sob pena de redução, não poderão exceder a taxa a que se refere o art. 406, permitida a capitalização anual". Maria Helena Diniz, com base na doutrina de Coelho da Rocha, define o empréstimo como "o contrato pelo qual uma pessoa entrega a outra, gratuitamente, uma coisa, para que dela se sirva, com a obrigação de a restituir". Ainda de acordo com festejada autora, duas são as espécies de empréstimo: a) comodato e b) mútuo. O comodato constitui o empréstimo de uso, em que o bem emprestado deverá ser restituído em espécie, ou melhor, em sua indivisibilidade, razão pela qual não poderá ser fungível ou consumível. Já o mútuo é o empréstimo de consumo, pois a coisa emprestada, sendo fungível ou consumível, não poderá ser devolvida, de modo que a restituição se fará no seu equivalente, ou seja, por outra coisa do mesmo gênero, quantidade e qualidade. Acerca da diferença entre esses dois institutos, Maria Helena assevera que: o mútuo tem por objeto coisa fungível, e o comodato infungível. Logo, no mútuo haverá obrigação de restituir não a própria coisa emprestada, destinada a ser consumida, mas outra da mesma espécie, qualidade e quantidade, enquanto no comodato deverá ser entregue o mesmo bem emprestado. Aponta, ainda, que no mútuo o empréstimo é feito comumente em dinheiro. Nesse caso, vige o nominalismo, ou seja, considera-se, como valor da moeda, o valor nominal atribuído pelo Estado no ato da emissão ou cunhagem. O mútuo feneratício ou oneroso é permitido em nosso direito, pois o Código Civil, art. 591, presume que, destinando-se o mútuo a fins econômicos, os juros sejam devidos e fixados segundo a taxa que estiver em vigor para a mora do pagamento de impostos devidos (DINIZ, Maria Helena. *Curso de direito civil brasileiro*: teoria das obrigações contratuais e extracontratuais. 24. ed. rev., atual. e ampl. São Paulo: Saraiva, 2008. vol. 3, p. 324-327). Caio Mário da Silva Pereira delineia o conceito de empréstimo por meio da análise de suas duas espécies: comodato e mútuo, que, segundo o autor, se constituem sob a ideia de utilização de coisa alheia acompanhada do dever de restituição. Segundo o autor, comodato é o empréstimo gratuito de coisas não fungíveis (Código Civil, art. 579), isto é, aquele contrato pelo qual uma pessoa entrega a outra, gratuitamente, coisa não fungível, para que a utilize e depois restitua. Mútuo é empréstimo de coisas fungíveis (Código Civil, art. 586),

tido, alguém toma recursos sob a promessa de devolvê-los, após determinado período, acrescido dos juros preestabelecidos entre as partes. Quando for necessário fazer referência a esse tipo de negócio jurídico ao longo do trabalho, utilizaremos preferencialmente os termos inequívocos que caracterizem se tratar de empréstimo ou, mais especificamente, de mútuo.

A palavra infraestrutura, bastante recorrente neste trabalho, também comporta inúmeras acepções, que passam por diversas áreas do conhecimento, como engenharia, filosofia e economia, conforme já tivemos oportunidade de esclarecer em artigo de 2008[4]. Das várias acepções, podemos extrair um elemento comum; o de que infraestrutura é o substrato necessário ao desenvolvimento das atividades produtivas e também ao bem-estar da população. Assim, podemos definir infraestrutura como as *instalações*, *facilidades* e *serviços* que se encontram na base da economia de um determinado país em determinada época. É nesse sentido que tomamos a palavra infraestrutura nesta obra.

---

isto é, o contrato pelo qual uma das partes transfere uma coisa fungível a outra, obrigando-se esta a restituir-lhe coisa do mesmo gênero, da mesma qualidade e na mesma quantidade. Em princípio, qualquer coisa fungível, de que seja dono o mutuante, pode ser emprestada. O mais comum é o dinheiro. É nesse ponto que cumpre destacar uma espécie específica de mútuo: o mútuo econômico ou feneratício. O Código Civil, no art. 591, estabelece que, se o mútuo de destina a fins econômicos, presumem-se incidentes os juros. Caio Mário aponta que por fins econômicos se entende aquele mútuo que não é feito por cortesia, amizade ou espírito de solidariedade. Os juros, pelo sistema instituído pelo Código de 2002, em seu art. 406, têm como limite legal a taxa que estiver em vigor para a mora do pagamento de impostos devidos à Fazenda Nacional, hoje denominada "taxa selic" (PEREIRA, Caio Mário da Silva. *Instituições de direito civil*. 16. ed. Rio de Janeiro: Forense: 2012. p. 311-322). José Virgílio Lopes Enei, definindo o financiamento sob uma acepção jurídica, classifica financiamento como espécie de mútuo mercantil, sendo este, juntamente com o mútuo não mercantil e o comodato, espécie do gênero empréstimo em sentido amplo. De acordo com esse autor, o mútuo mercantil distingue-se do mútuo comum por estar associado a uma atividade empresarial, ainda que desenvolvida somente por parte do mutuante, instituição financeira que faz da concessão regular de empréstimos a juros uma atividade organizada com intuito econômico, ou somente por parte do mutuário, o qual contrai o empréstimo para emprego em sua atividade empresarial (ENEI, José Virgílio Lopes. *Project Finance*: financiamento com foco em empreendimentos: (parcerias público-privadas, *leveraged buy-outs* e outras figuras afins). São Paulo: Saraiva, 2007. p. 7-9).

[4] SANT'ANNA, Lucas de Moraes Cassiano. O federalismo e o financiamento de infraestrutura – a experiência do setor de infraestrutura de transporte ferroviário. *Interesse Público – Revista Bimestral de Direito Público*, ano 10, n. 48, p. 144-145. Ver também: CARVALHO, André Castro. *Direito de infraestrutura*: perspectiva pública. São Paulo: Quartier Latin, 2014. p. 93-103.

Admitida essa definição ampla, a infraestrutura abarcaria não só os bens públicos resultantes da atividade estatal, mas também bens privados, criados para uso próprio de empresas que atuam em setores estruturantes da economia. Nesse ponto, vale citar Gilberto Bercovici, para quem a infraestrutura geralmente constitui um monopólio controlado pelo Estado, *verbis*:

> Em geral, a infraestrutura constitui um monopólio natural controlado pelo Estado, fornecendo produtos ou serviços para um grande número de usuários, afetando, assim, o bem-estar da população e o desempenho das empresas e produzindo efeitos diretos e indiretos por toda a economia.[5]

Esse caráter de monopólio natural é, de fato, uma característica da infraestrutura, já que a construção de infraestrutura, posta na perspectiva estatal, é uma "decisão política, inserida na estratégia estatal de promoção do desenvolvimento"[6].

No entanto, quer nos parecer que existe também infraestrutura provida pela iniciativa privada. Essa infraestrutura continua na base da economia do país, tendo as mesmas características materiais da infraestrutura pública, com exceção de que atende prioritariamente aos interesses dos privados que as financiam.

São exemplos de infraestruturas privadas todas as plantas de tratamento de água bruta para a produção de água industrial, de acordo com as características necessárias ao desenvolvimento de determinada indústria. Ou, ainda, o tratamento de resíduos (sólidos e líquidos) produzidos pela mesma indústria para que eles possam ser descartados nas estações de tratamento de esgoto sanitário e nos aterros sanitários[7]. Assim, a própria empresa que

---

[5] Infraestrutura e desenvolvimento. In: BERCOVICI, Gilberto; VALIM, Rafael. *Elementos de direito da infraestrutura*. São Paulo: Contracorrente, 2015. p. 22.

[6] Idem, ibidem.

[7] O art. 5º da Lei Federal 11.445, de 5 de janeiro de 2007, a Lei de Saneamento, estabelece que não constitui serviço público a ação de saneamento executada por meio de soluções individuais, incluindo o manejo de resíduos de responsabilidade do gerador. É nesse sentido o nosso exemplo *supra* ao indicar que tais instalações, consistentes justamente em soluções individuais de atendimento ao próprio interessado privado, devem ser entendidas como infraestruturas providas pela própria iniciativa privada.

precisa de água tratada como insumo para determinada atividade é forçada a construir infraestrutura própria de tratamento ou contratar tais serviços para que possa obter a água nas características necessárias ao seu processo produtivo. Da mesma forma, os resíduos que essa empresa produz devem ser descartados, por determinação da legislação ambiental e consequente proteção da biota, somente quando obedecerem a certos níveis de qualidade, considerados assimiláveis pela infraestrutura pública onde são feitos os descartes de rejeitos, ou diretamente na própria natureza.

Outros tantos exemplos de infraestruturas privadas poderiam ser citados, tais como os aeródromos privados, que são infraestruturas aeroportuárias com o objetivo de atender a demandas majoritariamente privadas[8], tais como o escoamento ou recebimento de pessoas e cargas de produção ou comercialização própria ou insumos necessários ao desenvolvimento de atividades produtivas de uma determinada indústria.

De qualquer forma, em função da definição que adotamos de infraestrutura, podemos afirmar que prover a infraestrutura do país é uma atividade primordialmente do Estado. Isso porque o Estado fundamenta sua existência na prestação de atividades de interesse público, consideradas como tais pelo ordenamento jurídico[9], de modo que a construção de instalações e facilidades, bem como a prestação de serviços de interesse cole-

---

[8] A Lei Federal 7.565, de 19 de dezembro de 1986, o Código Brasileiro de Aeronáutica ou CBA, estabelece o regime jurídico dos aeródromos públicos (aeroportos comerciais) e privados. De acordo com os arts. 30, § 2º, e 35 do CBA, os aeródromos privados serão construídos, mantidos e operados por seus proprietários, de modo que a sua utilização por terceiros depende da permissão do proprietário.

[9] Note-se que o Estado, tal como refletido em nosso trabalho, é o Estado de Direito, que se trata do "modelo de organização social que absorve para o mundo das normas, para o mundo jurídico, uma concepção política e a traduz em preceitos concebidos expressamente para a montagem de um esquema de controle do Poder" (BANDEIRA DE MELLO, Celso Antônio. *Curso de direito administrativo*. 32. ed. São Paulo: Malheiros, 2015. p. 49). A concepção filosófica do Estado de Direito remonta aos pensadores contratualistas dos séculos XVII e XVIII, dentre eles John Locke, para quem a criação do Estado se justifica no pacto social, pelo qual os homens abrem mão de uma parcela de suas liberdades individuais em nome do Estado. No pensamento de Locke, o Estado tem, assim, seu fundamento na manutenção das liberdades individuais, dentre as quais se encontra o direito de propriedade (*Segundo Tratado do Governo Civil*. Trad. Magda Lopes e Marisa Lobo da Costa. São Paulo: Vozes, 2000). É no uso da palavra Estado como sinônimo de Estado de Direito que podemos afirmar ser o Estado uma criação do direito e, por isso, ter nas normas jurídicas a definição de suas características e atividades. Nesse sentido ver: SUNDFELD, Carlo Ari. *Fundamentos de direito público*. 4. ed. São Paulo: Malheiros, 2000. p. 75-77.

tivo não poderiam ser relegadas ao arbítrio da iniciativa privada (ainda que ela possa colaborar com isso).

É nesse contexto de financiamento da infraestrutura brasileira pelo Estado, por meio do arranjo contratual proposto pela Lei de PPPs, que este trabalho será desenvolvido. Ora, os contratos de PPPs são alardeados como contratos que permitem a realização de investimentos imediatos com a diluição do pagamento ao longo de até trinta e cinco anos. São entendidos, ademais, como contratos próprios para fazer frente à escassez de recursos estatais sempre presente, mesmo em momentos em que os investimentos na infraestrutura são prementes.

A nossa curiosidade surgiu, assim, da aparente contradição entre a afirmação de que os contratos de PPPs são importantes instrumentos para viabilizar investimentos em momentos de arrocho fiscal e o fato de serem contratos que exigem o pagamento de contraprestação igual a parte ou à totalidade da remuneração do parceiro privado, pelo Estado.

Entendemos que o caminho para essa resposta seria primeiramente analisar o contexto histórico de criação desse modelo contratual, a PPP. Isso passa necessariamente pela contextualização do surgimento do modelo das PFIs, iniciado na Grã-Bretanha, e da contextualização do Brasil dos anos 1980 e 1990. A isso nos dedicamos no Capítulo 1 deste trabalho.

Como segundo passo, tratamos de desvendar a organização do orçamento público no Brasil, aqui entendido como todas as leis que o compõem (PPA, LDO e LOA). Ademais, buscamos estabelecer noções básicas de direito financeiro, como dívida pública, e os limites de endividamento dos entes federados. Já nesse contexto, identificamos o tratamento das despesas com PPPs dado pela Secretaria do Tesouro Nacional, em seu papel de estabelecer parâmetros gerais para essa matéria. O resultado de tal análise está no Capítulo 2 deste trabalho.

O Capítulo 3 trata das características essenciais dos contratos de PPP para buscar diferenciá-los das operações de crédito, geradoras de dívida pública. Também tratamos, em tal capítulo, da figura do aporte de recursos, que surge em 2012, causando dúvidas acerca de sua compatibilidade com a lógica pela qual se guiam as PPPs.

Na sequência, nos dedicamos ao tema da Portaria 614 da Secretaria do Tesouro Nacional. Esse é o instrumento vigente e legítimo a estabelecer os parâmetros para a contabilização das PPPs como endividamento, em casos muito específicos. A Portaria STN 614 é um instrumento contábil,

INTRODUÇÃO

mas que tem grande interligação com conceitos jurídicos que devem ser propriamente manejados por profissionais do direito, sobretudo quando se trata de alocação dos riscos dos contratos de PPPs. É a maneira como os riscos de construção, disponibilidade e demanda foram alocados que determinará, eventualmente, a contabilização das despesas com determinada PPP como dívida pública. Esse trabalho foi feito no Capítulo 4, a seguir.

O Capítulo 5, por sua vez, trata dos controles de fluxo das PPPs. Controles já conhecidos pela Administração Pública, pois estabelecidos pela Lei de Responsabilidade Fiscal, mas que foram incorporados pela Lei de PPPs como medida salutar de cuidado com o orçamento público.

As conclusões são simples e diretas, assim como todo o trabalho, que buscou tratar dos temas centrais propostos, com o detalhamento necessário para o bom entendimento dos temas, mas com bastante objetividade.

1. ASPECTOS HISTÓRICOS DAS PPPS NO BRASIL

1.1 As *Private Finance Initiatives* e as PPPs

O surgimento das PPPs no Brasil, por meio da edição da Lei de PPPs, em 2004, é cercado de um contexto histórico bastante relevante e de diversas influências da experiência internacional. Entre essas influências, talvez a mais direta seja justamente a que recebemos do instituto conhecido como *Private Finance Initiatives – PFIs*, inaugurado em 1992 na Grã-Bretanha[10], por duas razões.

A primeira razão reside no fato de que os contratos de PPPs no Brasil possuem a mesma estrutura econômica das *PFIs*, qual seja, a exigência de investimento pela iniciativa privada na infraestrutura com a contrapartida de amortização do investimento feito e sua remuneração ao final do prazo contratual. E a segunda reside na tentativa de diminuir o comprometimento das contas públicas, delegando investimentos em infraestrutura à iniciativa privada por meio das PPPs[11].

Por meio das *PFIs* e das PPPs, que, conforme veremos adiante, são instrumentos contratuais que permitem a maior participação da iniciativa

---

[10] Nesse sentido: COUTINHO, Diogo Rosenthal. Parcerias público-privadas: relatos de algumas experiências internacionais. In: SUNDFELD, Carlos Ari (coord.). *Parcerias público--privadas*. São Paulo: Malheiros, 2005. p. 45-79; SUNDFELD, Carlos Ari. Guia jurídico das parcerias público-privadas. In: SUNDFELD, Carlos Ari (coord.). *Parcerias público-privadas*. São Paulo: Malheiros, 2005. p. 15-49.

[11] RIBEIRO, Maurício Portugal; PRADO, Lucas Navarro. *Comentários à Lei de PPPs* – parceria público-privada: fundamentos econômico-jurídicos. São Paulo: Malheiros, 2007. p. 30-31.

privada no financiamento da infraestrutura estatal, busca-se um benefício duplo.

O primeiro benefício está ligado justamente ao fato de que a participação da iniciativa privada tende a trazer mais eficiência à forma como as atividades públicas são prestadas. Isso porque o Poder Público pode se aproveitar das formas de contratação e terceirização da iniciativa privada, o que tende a ser considerado mais eficiente do ponto de vista econômico[12].

O segundo benefício seria justamente permitir que os administradores públicos realizem os investimentos necessários sem comprometer imediatamente os recursos estatais. A participação da iniciativa privada no financiamento das atividades e infraestruturas públicas permite à Administração Pública diminuir o percentual a ser investido inicialmente em um projeto. Assim, com o capital privado é possível ter uma linha de metrô construída sem que todos os investimentos públicos tenham sido realizados durante a sua construção. O investimento e financiamento privados prestam justamente a tal função.

Com isso, os administradores públicos podem diluir o pagamento do bem com futuros usuários dos serviços que farão uso da infraestrutura criada. Sob essa perspectiva, existe uma maior justiça na distribuição do custeio de certa infraestrutura a todas as gerações que dela aproveitarão.

Além da maior justiça na distribuição do custeio de determinada atividade ou infraestrutura pública, a diluição do financiamento público pode ter um efeito imediato de ordem fiscal, qual seja, a neutralidade diante do endividamento público.

Voltemos ao exemplo do metrô. A necessidade de pagamento de toda a obra durante sua execução pode requerer que a Administração Pública tome um empréstimo com essa finalidade, o que significará, conforme veremos nos próximos capítulos, o aumento do limite de endividamento do setor público. As PPPs, por terem características próprias, sobretudo ligadas à prestação de serviços mensuráveis e passíveis de avaliação para fins de pagamento, podem ser contratadas sem necessidade de classificação de suas despesas futuras como dívida pública – nos dedicaremos à análise desse ponto nos Capítulos 3 e 4 a seguir. Por essa característica, qual seja,

---

[12] KEE, James Edwin; FORRER, John. *Private Finance Initiatives* – the theory behind the practice. USA: The George Washington University, 2002. p. 9.

a de não impactar o endividamento, as obrigações contraídas pela Administração Pública no âmbito das PPPs são tratadas *off-balance*.

O termo *off-balance*, aplicado fortemente na iniciativa privada, não significa outra coisa senão a neutralidade das obrigações assumidas em face das demonstrações financeiras da empresa. Aplicado à Administração Pública, representa a ausência de impacto na dívida pública, conforme explicaremos nos capítulos seguintes.

Assim, a possibilidade de diluição do financiamento para a construção de determinada infraestrutura é bem-vinda na medida em que somente impõe a obrigação de comprometimento de recursos relativos às parcelas iniciais de um investimento feito e que será utilizado por um longo prazo.

Essa possibilidade de realizar investimentos fundamentais sem considerá-los endividamento é altamente eficiente, na medida em que permite que a Administração Pública continue a realizando obras de infraestrutura e ampliando o acesso aos serviços públicos sem comprometer o orçamento atual escasso.

Contudo, esse último benefício pode trazer consigo um incentivo perverso, que é a utilização do financiamento da infraestrutura pela iniciativa privada como forma de ocultar um verdadeiro empréstimo público, que deveria ser considerado para fins de endividamento. Nesse sentido, mecanismos de controle se colocam a todos os contratos dessa natureza, inclusive no Brasil, conforme veremos no Capítulo 4 deste trabalho.

Firmadas essas premissas, passemos a analisar o momento histórico da Grã-Bretanha quando do surgimento das *PFIs* para, posteriormente, identificarmos semelhanças como o contexto brasileiro que levou à adoção das PPPs.

1.1.1 O surgimento das PFIs *na Grã-Bretanha*

No final da década de 1970, a Grã-Bretanha, comandada pelo *Labour Party* (ou Partido Trabalhista, o equivalente à esquerda britânica), passava por um momento de instabilidade econômica, caracterizado por alta inflação e alto endividamento público. Entre 1978 e 1979, o então Primeiro Ministro, James Callaghan, adotou medidas que impunham limites no reajuste dos salários dos funcionários públicos. Essas ações geraram grande insatisfação popular, inclusive, a estação do inverno de 1978 e 1979 ficou conhecida como *Winter of Discontent* (Inverno do Descontentamento).

Esse clima de insatisfação popular forneceu o substrato político necessário para a vitória do *Conservative Party* ou *Tory Party* (Partido Conservador) nas eleições gerais de 1979 e a consequente assunção do cargo de Primeiro Ministro por Margaret Thatcher.

Diante desse cenário de dificuldades econômicas e seus impactos deletérios na vida dos britânicos, novas medidas foram tomadas, agora sob o comando de Thatcher. As medidas incluíam a limitação de salários e outras ações impopulares que buscavam o combate à inflação. Ademais, foram iniciadas ações de combate ao endividamento público, sobretudo por meio da venda de participações acionárias em empresas. Ou seja, ao longo dos anos de 1980, o governo Thatcher promoveu um grande enxugamento do Estado britânico com a privatização de diversas empresas estatais[13].

No início dos anos de 1980, foram privatizadas empresas como a *British Aerospace* e a *Cable & Wireless*. A essa etapa seguiu-se uma segunda onda de privatizações, de 1982 a 1986, na qual o Estado britânico vendeu a *British Telecom*, a *Britoil*, a *British Gas* e a *Jaguar*, bem como o restante de sua participação na *British Aerospace* e a *Cable & Wireless*. Na sequência, entre os anos de 1987 e 1991, período que coincide com a eleição, pela terceira vez seguida, da maioria conservadora ao parlamento britânico, o governo de Margaret Thatcher colocou em prática a etapa mais agressiva de privatizações, com a alienação das ações das seguintes empresas: *British Steel, British Petroleum, Rolls Royce, British Airways*, entre outras[14].

Apesar de as medidas do governo de Margaret Thatcher implicarem a diminuição do papel do Estado na economia, o endividamento público representava um problema endêmico, sendo necessária a imposição de medidas de responsabilidade fiscal, que, se por um lado foram capazes de reduzir os gastos do governo[15], por outro limitavam a capacidade de investimento público[16].

---

[13] SEYMOUR, Richard. *A short history of privatisation in the UK*: 1979 to 2012. London: The Guardian, 2012. Disponível em: <http://www.theguardian.com/commentisfree/2012/mar/29/short-history-of-privatisation>. Acesso em: 24 abr. 2015.
[14] Idem, p. 1-2.
[15] HOSKIN, Peter. *The public finances under Margaret Thatcher and under the Coalision*. Disponível em: <http://www.conservativehome.com/thetorydiary/2012/10/the-public-finances-under-margaret-thatcher-and-under-the-coalition-compared.html>. Acesso em: 1º maio 2015.
[16] MARIQUE, Yseult. *Public private partnership and the law*: regulations, institutions and community. Inglaterra: Edward Elgar Publishing, 2014. p. 63.

Mesmo diante desse quadro, a participação da iniciativa privada no financiamento de atividades de competência do Estado era bastante reduzida. Ou seja, os papéis do *público* e do *privado* eram muito bem definidos e, enquanto a privatização significava a "desregulação" de um determinado setor da economia, as atividades que se mantinham sob o controle estatal não contavam com a colaboração da iniciativa privada, a não ser no papel de mera contratada para a prestação de serviços incidentais (empreitadas, terceirizações etc.).

Isso porque, à época, vigiam as *Ryrie Rules*, chamadas assim em referência a Sir John Ryrie, então Ministro da Fazenda, e responsável por sua compilação.

As *Ryrie Rules* eram regras que, ao menos em tese, visavam à participação da iniciativa no financiamento da infraestrutura da Grã-Bretanha. As *Ryrie Rules* assentavam-se em uma premissa econômica muito estrita, qual seja, de que os custos de financiamento pelo Estado são mais baixos do que os custos pela iniciativa privada. Isso porque o Estado teria acesso a empréstimos mais baratos, já que teria um menor risco de inadimplemento[17]. A participação da iniciativa privada no financiamento das atividades públicas somente seria permitida se, sob uma perspectiva econômica, os ganhos envolvidos superassem os custos mais altos do projeto ocasionados pelo financiamento privado[18].

Assim, de maneira reflexa, sem saber se de forma proposital ou não, as *Ryrie Rules* acabavam por impor o financiamento das atividades estatais preferencialmente por meio de recursos públicos, aceitando-se a participação da iniciativa privada em condições excepcionais.

---

[17] Essa premissa não é aplicável de maneira universal e nem necessariamente verdadeira à época de criação das *Ryrie Rules*. Para um debate mais aprofundado sobre o tema, vide: POLLOCK, Allison; EDWARDS, Chris. *Private Finance Projects and off-balance sheet debt*: evidence. Great Britain: House of Lords, 2009-2010, p. 148 e ss. Disponível em: <http://www.publications.parliament.uk/pa/ld200910/ldselect/ldeconaf/63/63ii.pdf>.

[18] "Because of the low risk of default governments can generally borrow at a lower cost than private firms. This meant that, in effect, the 'Ryrie Rules' required that in the UK the net yield of a PPP project should be greater than if it were publicly financed by at least enough to cover the increased cost of raising risk capital from the financial markets. In other words, the gains would have to more than offset the additional cost of raising finance from the private sector compared to gilts sales, if the proposal were to be approved" (HODGE, Graeme A. et al. *International handbook on public-private partnership*. Inglaterra: Edward Elgar Publishing, 2010. p. 528).

De acordo com James Edwin Kee e John Forrer[19], as *Ryrie Rules* eram uma forma de manutenção da sistemática tradicional de orçamentação pública, na qual o Estado tem o controle de todo o processo, desde a escolha do objeto do gasto público até a escolha dos prestadores de toda a cadeia de serviços. Aceitar que a iniciativa privada tivesse papel não só na prestação dos serviços, mas também no financiamento da atividade era admitir a participação da iniciativa privada em etapa da cadeia da determinação do orçamento público.

Em tese, as *Ryrie Rules* deveriam ter criado um ambiente de parcerias baseado em uma simples análise da vantajosidade econômica do projeto financiado por recursos privados. Ou seja, as *Ryrie Rules* sugeriam apenas um teste para verificar se a participação da iniciativa privada no financiamento de atividades estatais seria eficiente. No entanto, os comentadores entendem que elas foram usadas de maneira distinta do seu propósito original e não cumpriram seu papel, tendo sido vetores do afastamento da iniciativa privada do financiamento de atividades públicas[20].

Assim, as *Ryrie Rules* podem ser entendidas como uma das causas da baixa participação da iniciativa privada no financiamento da infraestrutura britânica na década de 1980, pois impunham barreiras a um Estado com disponibilidade de caixa insuficiente para realizar os investimentos necessários.

Diante desse cenário, parte das *Ryrie Rules* foi abolida em 1989, mas à abolição não se seguiu imediatamente a edição de uma nova legislação que estabelecesse regras mais claras com relação à participação da iniciativa privada no financiamento da infraestrutura britânica.

Apenas em novembro de 1992 o então Chancellor of the Exchequer[21], Norman Lamont, anunciou as *PFIs* como "ways to increase the scope for

---

[19] KEE, James Edwin; FORRER, John. *Private Finance Initiatives* cit., p. 9.
[20] "The Ryrie Rules became an standing joke. Ryrie drew them so tightly as to make them inoperable. Not a pound of private/public investment was allowed through under the Ryrie Rules" (HODGE, Graeme A. et al. *International handbook on public-private partnership* cit., p. 528). No mesmo sentido: "The Ryrie Rules set criteria under which private finance might be introduced in nationalized industries. These criteria were, firstly, a condition on fair competition with private sector borrowers and, secondly, that privately finance projects would bring improved efficiency and profit. However, the Ryrie Rules received a different application from the one they were intended to have. They were used not to allow more private finance into the public sector, but to limit it" (MARIQUE, Yseult. *Public private partnership and the law* cit., p. 63).
[21] O Ministro da Fazenda britânico.

private financing of capital projects"[22], ou seja, medidas para aumentar a participação da iniciativa privada no financiamento de projetos públicos.

O contexto da edição das *PFIs*, instrumentos que, de fato, criam regras claras para a participação da iniciativa privada no financiamento da infraestrutura britânica, coincide com o ambiente de reunificação da Europa. Em fevereiro daquele ano (1992) o Tratado de Maastricht havia sido assinado e com ele alicerçavam-se as bases para a construção da União Europeia. No plano econômico, a construção de uma moeda única passava necessariamente por um pacto pela estabilidade fiscal. Assim, o próprio Tratado de Maastricht limitou o endividamento público dos países-membros a 60% do Produto Interno Bruto[23].

As *PFIs* compreendem projetos de três naturezas: (i) *free standing*, (ii) *joint ventures* e (iii) venda de serviços ao Poder Público. Os projetos *free standing* são aqueles que, como o próprio nome diz, se sustentam por meio da cobrança de tarifas pagas pelo usuário (são, portanto, similares às concessões comuns, instituídas e regidas pela Lei 8.987/1995). Os projetos do tipo *joint ventures* são aqueles em que há colaboração por parte do Poder Público na assunção de determinadas tarefas no projeto. Essa assunção de tarefas pode ser feita por meio da efetiva participação acionária minoritária do Poder Público na sociedade com o parceiro privado, empréstimos, transferência de ativos ou mesmo a combinação dessas atividades. Por fim, a terceira modalidade de *PFI* congrega os serviços tomados pela Administração Pública e prestados pela iniciativa privada, tais como os serviços de saúde[24].

Desse modo, a legislação que institui as *PFIs* significa a efetiva abertura para a iniciativa privada no financiamento da infraestrutura. Pelas *PFIs*, nas modalidades supradescritas, a iniciativa privada se torna responsável por tomar empréstimos ou utilizar capital próprio para realizar os investimentos necessários na infraestrutura para, ao longo do projeto, receber o resultado projetado, seja por meio de tarifas cobradas diretamente dos

---

[22] HOUSE OF COMMONS. *The Private Finance Initiative (PFI)*. p. 4. Disponível em: <http://www.publications.parliament.uk/pa/cm201012/cmselect/cmtreasy/1146/1146.pdf>. Acesso em: 24 abr. 2015.

[23] Para convergência macroeconômica e o pacto de estabilidade na Europa, ver: CAVALCANTI, Márcio Novaes. *Fundamentos da Lei de Responsabilidade Fiscal*. São Paulo: Dialética, 2001. p. 23-34.

[24] COUTINHO, Diogo Rosenthal. Parcerias público-privadas cit., p. 55-56.

usuários, seja por meio de contraprestações pagas pelo próprio Estado. Ademais, em determinadas condições, que serão objeto de análise no Capítulo 3 deste trabalho, a participação da iniciativa privada se tornava fundamental para evitar o agravamento do endividamento britânico, já que permitia que muitos dos projetos fossem considerados *off-balance*. Estavam presentes, então, as bases para um modelo contratual capaz de capturar os dois benefícios essenciais da participação da iniciativa privada no financiamento da infraestrutura britânica.

1.1.2 O contexto brasileiro

O Brasil dos anos 1980 e início dos anos 1990 é sinônimo de dificuldade com o controle da inflação e déficit público descontrolado: a União financiava atividades públicas por meio da emissão desgovernada de moeda e da tomada de empréstimos em condições desfavoráveis ao país, ação repetida em certa medida e limite de suas competências, pelos Estados.

O financiamento das despesas públicas era feito de maneira irresponsável pela constante emissão de títulos públicos e tomada de empréstimos pelos quais a Administração Pública ficava vinculada ao pagamento de juros estabelecidos nas emissões e empréstimos, em função dos fatores de risco apresentados – credibilidade da Administração Pública.

Naquela época, os bancos estatais serviam de catalisadores do endividamento público, pois captavam recursos no mercado financeiro para emprestar a empresas estatais. As estatais, no entanto, acumulavam obrigações que inviabilizavam a quitação integral de suas dívidas, o que deixava esses bancos em situação delicada. Para salvá-los, a Administração Pública direta acabava assumindo parte da dívida com seus bancos controlados, o que aumentava o endividamento dos entes federados.

Nesse cenário, o endividamento público crescente, decorrente da assunção de despesas em montante superior às receitas arrecadadas, minava progressivamente a capacidade estatal de executar atividades de interesse coletivo. A delegação ao segundo setor de atividades mais afeitas a ele foi, a exemplo do que vimos ter acontecido na Grã-Bretanha, o primeiro passo adotado.

Com relação a esse ponto, vale esclarecer que a privatização tem um fundamento primordial no problema econômico relacionado às escolhas dos dispêndios públicos. Assim, de acordo com a teoria econômica[25], um bom dispêndio público deveria contribuir para os objetivos morais e materiais de toda a coletividade. Por via reflexa, o mau dispêndio público "é um desperdício ou uma exploração, pondo em ação fluxos de recursos que são ineficientes (ajudando menos os beneficiários do que causando danos aos que pagam) ou injustos (alocando os encargos e benefícios em desacordo com os valores da sociedade); ou ambos"[26].

Dessa forma, atividades em que o dispêndio de recursos públicos não teria o efeito desejado devem deixar de receber tais recursos, de modo que uma solução possível seria a transferência de tais atividades à iniciativa privada[27].

Assim, como medida de melhor alocação dos recursos públicos, as privatizações começaram a ser realizadas na década de 1980, já no Governo do General João Figueiredo (1981 a 1984), que, por meio da edição do Decreto 86.215, de 15 de julho de 1981, promoveu a privatização de vinte empresas controladas pela União[28].

O governo do Presidente José Sarney deu continuidade às privatizações com a alienação à iniciativa privada do controle de mais dezoito empresas controladas pela União, avaliadas à época em U$ 533 milhões. As privatizações do governo Sarney, na maior parte, recaíram sobre empresas pequenas e médias, que prestavam atividades eminentemente privadas.

Além disso, a privatização dessas empresas tinha por objetivo o saneamento financeiro do BNDESPAR[29]. Dentre as privatizações do governo Sarney, a maior venda foi a da Aracruz Celulose, empresa que atualmente tem ações negociadas nas bolsas de São Paulo, Madri e Nova Iorque e cujo controle acionário é exercido pelos grupos Safra, Lorentzen e Votorantim.

---

[25] Nesse sentido ver: DONAHUE, John D. *Privatização*: fins públicos, meios privados. Trad. José Carlos Teixeira Rocha. Rio de Janeiro: Jorge Zahar Editor, 1989. p. 31-45.
[26] DONAHUE, John D. *Privatização* cit., p. 31.
[27] Notem que não estamos fazendo qualquer juízo valorativo acerca da privatização, mas apenas buscando expor alguns de seus fundamentos que transcendem o campo jurídico.
[28] Nesse sentido ver: COUTO E SILVA, Almiro. Privatização no Brasil e o novo exercício de funções públicas por particulares: serviço público à brasileira? *Revista da Procuradoria-Geral do Estado* (do Rio Grande do Sul), n. 57, Porto Alegre: PGE-RS, 2003; ZOCKUN, Carolina Zancaner. *Da terceirização na Administração Pública*. São Paulo: Malheiros, 2014. p. 33-34.
[29] Nesse sentido ver: PINHEIRO, Armando Castelar. *Privatização no Brasil: por quê? Até onde? Até quando?*, p. 13. Disponível em: <http://www.bndes.gov.br/SiteBNDES/export/sites/default/bndes_pt/Galerias/Arquivos/conhecimento/livro/eco90_05.pdf>. Acesso em: 13 maio 2015.

A Companhia Brasileira do Cobre – CBC, outra empresa privatizada pelo governo Sarney, foi adquirida pela Bom Jardim S.A., empresa formada pelo capital dos então funcionários da CBC.

Assim como as primeiras ondas de privatização do governo de Margaret Thatcher na Grã-Bretanha, as privatizações dos anos de 1980 no Brasil não geraram os efeitos esperados. Em 1990, por meio da Medida Provisória 155/1990, convertida na Lei 8.031, de 12 de abril de 1990, foi criado o Programa Nacional de Desestatização.

O Programa Nacional de Desestatização, ou PND, objetivava continuar o movimento de privatização iniciado com certa timidez nos anos 1980. Naquele momento, anos 1980, as privatizações tinham por finalidade devolver à iniciativa privada empresas que haviam sido absorvidas pelo Estado, na maioria dos casos, em função de dificuldades financeiras. Importante mencionar que não existia uma agenda de privatização em larga escala, as empresas privatizadas eram, em sua maioria, de pequeno porte, o que gerava uma baixa captação de receita. O objetivo nessa fase não era gerar receitas para o Tesouro, mas, sim, impedir que o governo ampliasse ainda mais sua participação no setor produtivo.

Diferentemente, o Plano Nacional de Desestatização teve por objetivo a reconfiguração do papel do Estado na atuação econômica. A transferência à iniciativa privada de empresas até então consideradas estratégicas possuía a seguinte lógica: romper com um modelo de estatização da economia iniciado no governo Getúlio Vargas e acentuado sobremaneira na Ditadura Militar.

A ideologia que difundia a diminuição do Estado permearia toda a década de 1990, culminando na reforma administrativa materializada pela Emenda Constitucional 19, de 4 de junho de 1998. Aquilo que começou com uma contração do Estado no cenário econômico, agora refletia em sua própria estrutura, abrangendo sua organização e seus instrumentos de atuação.

Além do PND, três diplomas normativos merecem destaque no movimento que resultou na formação do atual regime jurídico orçamentário e fiscal brasileiro: a Emenda Constitucional 3, de 17 de março de 1993; a Lei Federal 9.496, de 11 de setembro de 1997; e a Lei Complementar 101, de 4 de maio de 2000 – Lei de Responsabilidade Fiscal (LRF).

A Emenda Constitucional 3, de 17 de março de 1993, teve como objeto principal a modificação do texto constitucional originário relativo ao Sistema Tributário Nacional. Entendeu o legislador constituinte derivado que a reforma fiscal e orçamentária perpassava, dentre outros aspectos, por uma readequação do regime tributário por meio da redução do elenco de tributos; melhor distribuição da carga tributária; simplificação do processo de arrecadação e fiscalização; aumento dos impostos diretos e redução dos impostos indiretos; e ampliação da garantia de recebimento de créditos tributários vencidos[30].

Subsidiariamente, a Emenda Constitucional 3 introduziu no texto constitucional regras acerca das finanças públicas que serviram como ponto de partida para o ajuste fiscal e orçamentário pretendido, dentre as quais a nova redação dada ao inc. IV do art. 167 sobre a vedação da vinculação de receitas de impostos a órgão, fundo ou despesa e a regra de que, até 31 de dezembro de 1999, os Estados, o Distrito Federal e os Municípios somente poderiam emitir títulos da dívida pública no montante necessário ao refinanciamento do principal devidamente atualizado de suas obrigações, representadas por essa espécie de título.

Posteriormente, sobreveio a Lei Federal 9.496, de 11 de setembro de 1997, cujo motivo foi a necessidade de um maior controle do endividamento dos Estados, Municípios e do Distrito Federal perante a União por meio da renegociação de determinadas dívidas contratuais e mobiliárias, alongando seus prazos em até 30 anos. Referida norma estabeleceu critérios para a consolidação, a assunção e o refinanciamento, pela União, da dívida pública dos demais entes federativos, dentre os quais: (i) atualização monetária pela variação do Índice Geral de Preços – Disponibilidade Interna – IGP-DI, da Fundação Getulio Vargas (FGV); e (ii) juros reais de 6% ao ano, ambos calculados sobre o saldo devedor existente[31]. A equalização das dívidas da União com os demais entes federativos era pressu-

---

[30] Conforme a justificação da EC 3/1993. Disponível em: <http://www.stf.jus.br/arquivo/biblioteca/pec/EmendasConstitucionais/EC3/Camara/EC003_cam_19091991_ini.pdf>. Acesso em: 24 abr. 2015.

[31] Ressalta-se que esses critérios fixados pela Lei Federal 9.496/1997 que serviram como indexadores das dívidas federais foram alterados por meio da Lei Complementar 148, de 25 de novembro de 2014. O art. 2º do referido diploma normativo estabeleceu que as dívidas estaduais, municipais e do Distrito Federal sejam corrigidas com base em juros calculados e debitados mensalmente, à taxa nominal de 4% a.a. (quatro por cento ao ano) sobre o saldo devedor previamente atualizado e atualização monetária calculada mensalmente com base na variação do Índice Nacional de Preços ao Consumidor Amplo (IPCA), apurado pela Fundação Instituto Brasileiro de Geografia e Estatística (IBGE), ou outro índice que venha a substituí-

posto lógico para a reforma estrutural que se pretendia instaurar no país. Essas medidas ficaram conhecidas como Programa de Reestruturação e de Ajuste Fiscal[32].

Por fim, a Lei de Responsabilidade Fiscal (LRF) foi editada como parte integrante das medidas de longo prazo previstas no Programa de Estabilidade Fiscal – PEF, iniciado em outubro de 1998, com o objetivo de estruturar as bases necessárias para um novo regime fiscal no país por meio de uma drástica redução do déficit público, bem como da estabilização da dívida pública.

Além da conjuntura econômico-fiscal interna desfavorável, outros dois fatores motivaram a edição da LRF, a saber: (i) previsão expressa contida nos arts. 163 e 169 da Constituição Federal de 1988 que demandava a criação de lei complementar para disciplinar assuntos relativos à gestão das finanças públicas e outros temas correlatos, mas não havia sido levada a cabo até então e (ii) experiências internacionais de sucesso extraídas de outros países que adotaram legislação semelhante, tais como o *Budget Enforcement Act – BEA* (Estados Unidos, 1990) e o Tratado de Maastricht (União Europeia, 1992), assim como a influência do Fundo Monetário Internacional (FMI) que estava receoso com eventuais problemas relativos ao pagamento da dívida externa brasileira perante credores internacionais.

-lo. Essas mudanças serão formalizadas por meio da celebração de aditivos contratuais aos Contratos de Refinanciamento de Dívidas, nos termos do art. 9º.

[32] O Programa de Ajuste Fiscal vinha sendo, inclusive, apontado por Estados e Municípios como uma das principais razões para a indisponibilidade de recursos para investimentos. Isso porque a taxa de juros fixada no momento do refinanciamento da dívida, final dos anos 1990, foi indexada ao Índice Geral de Preços – Disponibilidade Interna (IGP-DI) mais 6 a 9% ao ano, a depender do ente federado. Assim, como o IGP girou em torno de 6 a 7% nos últimos 10 anos, a dívida dos entes federados com a União era atualizada na casa de 15 a 16% ao ano, superando, assim, a taxa básica de juros – SELIC dos últimos 10 anos, que variou, mas ficou em torno de 10%. Dessa forma, em função do Programa de Ajuste Fiscal, Estados e Municípios acabavam pagando à União juros mais altos do que aqueles pagos pela União a seus credores. Desse modo, Estados e Municípios viram reduzir suas capacidades de investimento ao longo dos anos. O problema, no entanto, parece ter sido mitigado. No dia 26 de novembro de 2014, o texto da lei, que aprova a substituição do indexador da dívida de Estados e Municípios com a União, foi sancionado pela presidente Dilma Rousseff. Pela nova lei, o saldo das dívidas passará a ser corrigido pela variação do Índice Nacional de Preços ao Consumidor Amplo (IPCA), o índice oficial da inflação, mais 4% ao ano, ou, ainda, pela taxa básica de juros – SELIC, o que for menor. Dessa forma, a União deixará de ser financiada por entes federados, repassando a eles condições de juros equitativas com as que a própria União paga ao mercado.

No ano de 1998, o FMI editou o "Código de Boas Práticas para a Transparência Fiscal – Declaração de Princípios" (*Fiscal Transparency*)[33], documento que serviu como base para muitas das ideias e diretrizes positivadas por meio da LRF.

A LRF, como norma geral de Direito Financeiro, tem como finalidade estabelecer princípios e regras aplicáveis à gestão das finanças públicas para todos os entes federativos. Introduziu na ordem jurídica brasileira noções de *Accountability*, isto é, de controle, transparência e responsabilidade na gestão dos recursos públicos. Nos termos da exposição dos motivos, datada de abril de 1999[34], é possível notar que a LRF fixou como diretrizes a necessidade de incorporação de uma cultura de planejamento na atividade governamental de gestão dos recursos públicos, a transparência da prestação das contas públicas e a limitação das despesas públicas com vistas à consolidação de uma gestão fiscal eficiente e responsável.

A gestão fiscal responsável tornou-se verdadeiro mandamento em relação às finanças públicas, em decorrência dos próprios princípios republicanos e da eficiência administrativa. Conforme leciona José Maurício Conti:

> A gestão fiscal responsável funda-se nos princípios do planejamento da ação governamental, da limitação dos gastos públicos e da transparência. Cabe destaque às normas que estabelecem limites

---

[33] As principais características desse documento são destacadas por J. R. Caldas Furtado, a saber: (i) no setor público, as funções de natureza política e de gestão devem ser bem delineadas e divulgadas ao público com a maior transparência possível, informando sobre as atividades fiscais pretéritas, presentes e programadas para curto, médio e longo prazo; (ii) as leis e documentos orçamentários devem ser elaborados a partir de um planejamento amplo, especificando-se os objetivos da política fiscal, a estrutura macroeconômica, os limites orçamentários e os riscos fiscais, e (iii) a prestação de contas públicas deve ser realizada periodicamente ao Poder Legislativo e ao público em geral, sendo que as informações relativas ao orçamento público devem ser de fácil acesso e manuseio por parte de qualquer interessado (FURTADO, J. R. Caldas. *Direito financeiro*. 4. ed. rev., ampl. e atual., 1. reimpr. Belo Horizonte: Fórum, 2014. p. 436-437).

[34] "(...) estabelece princípios norteadores da gestão fiscal responsável, que fixa limites para o endividamento público e para expansão de despesas continuadas, e que institui mecanismos prévios e necessários para assegurar o cumprimento de metas fiscais a serem atingidas pelas três esferas de governo, é a condição necessária e suficiente para a consolidação de um novo regime fiscal no País, compatível com a estabilidade de preços e o desenvolvimento sustentável" (Disponível em: <http://www.planalto.gov.br/ccivil_03/revista/Rev_01/EM-PLC18.htm>. Acesso em: 24 abr. 2015).

para o administrador dos recursos públicos, especialmente no que se refere à contratação de operações de crédito e às despesas com pessoal. Outro pilar no qual se sustenta a gestão fiscal responsável é o princípio da transferência fiscal, que obriga o administrador a dar publicidade de seus atos. Fundamentais também são as regras de controle e fiscalização das contas públicas, bem como as punições institucionais e pessoais para as transgressões à lei[35].

A medida imediata da Lei de Responsabilidade Fiscal era estancar o sangramento com gastos correntes, sobretudo com a folha de pagamento, que, limitados em 60% da Receita Corrente Líquida[36] da União, Estados e Municípios pela Lei Complementar 82, de 27 de março de 1995, a Lei Camata, foram mais firmemente disciplinados pelas sanções da Lei de Responsabilidade Fiscal[37].

Esse arrocho gera o efeito de liberar, ao longo dos anos, recursos públicos para a realização de investimentos. No entanto, em um primeiro momento, a capacidade de realizar investimentos de grande vulto é diretamente afetada, já que não restou margem para a captação de recursos no mercado e a preocupação maior passou a ser voltada para o controle das contas públicas.

Por fim, a Lei Complementar 101, de 4 de maio de 2000 – Lei de Responsabilidade Fiscal –, estabeleceu limitações rigorosas aos gastos públicos, impondo aos Estados e Municípios submissão aos limites de endividamento estabelecidos pelo Senado Federal, no exercício de sua competência constitucional, art. 52, inc. IX, da Constituição Federal.

---

[35] CONTI, José Maurício. *Lei de Responsabilidade Fiscal*: aspectos jurídicos. Londrina: [s.n.], 2004. Disponível em: <http://www.idtl.com.br/artigos/67.pdf>. Acesso em: 24 abr. 2015.

[36] Por Receita Corrente Líquida entendem-se todas as receitas do ente federado, deduzidos os valores que serão repassados a outros entes federados a título de transferências obrigatórias com base na Constituição ou em lei. Assim, a Receita Corrente Líquida de um Município é igual a todas as suas receitas, já que o Município não tem dever constitucional ou legal de obrigatoriamente transferir recursos a outros entes federados, enquanto União e Estados são responsáveis pela arrecadação de tributos que se convertem no Fundo de Participação de Estados e Municípios e na Quota-Parte Municipal do ICMS, respectivamente e apenas como exemplo.

[37] O art. 23, § 3º, da Lei de Responsabilidade Fiscal estabelece que, não alcançados os limites de gastos com pessoal, o ente federado ficará vedado de (i) receber transferências voluntárias; (ii) obter garantia, direta ou indireta, de outro ente; e (iii) contratar operações de crédito, ressalvadas as destinadas ao refinanciamento da dívida mobiliária e as que visem à redução de despesas com pessoal.

É nesse contexto, similar ao da Grã-Bretanha no início da década de 1990, que em 2004 surgem as PPPs no Brasil.

1.2 As parcerias

Conforme vimos no item anterior, a crise do modelo econômico do pós-guerra acabou sendo terra fértil para o desenvolvimento do ideário liberal, cujo reflexo na política econômica e no direito foi justamente a criação de um Estado forte no aspecto do controle econômico e na regulação das atividades privadas, mas diminuto na atuação por meio de prestações diretas de comodidades como infraestruturas e serviços públicos.

Essa ideologia faz que se proliferem, além das privatizações, outras interações entre a Administração Pública e a iniciativa privada, especialmente as parcerias.

Maria Sylvia Zanella Di Pietro utiliza o termo parcerias:

> para designar todas as formas de sociedade que, sem formar uma nova pessoa jurídica, são organizadas entre os setores público e privado, para a consecução de fins de interesse público. Nela existe colaboração entre o Poder Público e a iniciativa privada nos âmbitos social e econômico, para satisfação de interesses públicos, ainda que, do lado do particular, se objetive o lucro. Todavia, a natureza econômica da atividade não é essencial para caracterizar a parceria, como também não o é a ideia de lucro, já que a parceria pode dar-se com entidades privadas sem fins lucrativos que atuam essencialmente na área social e não econômica[38].

Para Di Pietro, a parceria serve ao objetivo de diminuir o tamanho do aparelhamento estatal,

> na medida em que delega ao setor privado algumas atividades que hoje são desempenhadas pela Administração, com a consequente extinção ou diminuição de órgãos públicos e entidades da administração indireta, e diminuição do quadro de servidores; serve também ao objetivo de fomento à iniciativa privada, quando seja deficiente, de

---

[38] *Parcerias na Administração Pública*. p. 24.

modo a ajudá-la no desempenho de atividades de interesse público; e serve ao objetivo da eficiência, porque introduz ao lado da forma tradicional de atuação da Administração Pública burocrática, outros procedimentos que, pelo menos teoricamente (segundo os idealizadores da reforma), seriam mais adequados a esse fim de eficiência[39].

Diante das finalidades descritas, a autora identifica que a parceria pode ser utilizada como:

> a) forma de **delegação** da execução de serviços públicos a particulares, pelos instrumentos da concessão e permissão de serviços públicos, ou das parcerias público-privadas (concessão patrocinada e concessão administrativa, criadas pela Lei nº 11.079, de 30-12-04); e também por meio do contrato de gestão com organizações sociais, quando estas prestam serviço público;
> b) meio de **fomento** à iniciativa privada de interesse público, efetivando-se por meio de convênio, contrato de gestão ou termo de parceria;
> c) forma de **cooperação** do particular na execução de atividades próprias da Administração Pública, pelo instrumento da terceirização (contratos de prestação de serviços, obras e fornecimento, sob a forma de empreitada regida pela Lei nº 8.666, de 23-6-93, ou de concessão administrativa, regida pela Lei nº 11.079/2005;
> d) instrumento de **desburocratização** e de instauração da chamada Administração Pública gerencial, por meio dos contratos de gestão[40].

Veja-se que, de acordo com a professora Maria Sylvia, sob o termo parcerias estariam alocados quase todos os arranjos jurídicos hoje travados pela Administração Pública e a iniciativa privada. Inclusive, encontram-se sob o prisma das parcerias os contratos de prestação de serviços, obras e fornecimento sob a forma de empreitada, regidos pela Lei 8.666/1993, classificados *supra* como uma *cooperação*.

---

[39] Idem, ibidem.
[40] Idem, ibidem.

A abrangência do entendimento talvez derive da compreensão da renomada professora das finalidades das parcerias, quais sejam: (i) a diminuição da máquina estatal, (ii) o fomento e (iii) a eficiência. Em nossa opinião, a diminuição da máquina estatal não seria um fim almejado pelas parcerias, mas uma consequência da adoção de um modelo de Estado subsidiário, que determina inclusive a alienação de ativos estatais por meio de privatizações, conforme vimos no item anterior. Assim, a diminuição do aparelhamento estatal não seria finalidade, mas consequência de um novo modelo que tem também nas parcerias um de seus paradigmas.

De acordo com Carlos Ari Sundfeld[41], as parcerias podem ser classificadas em parcerias empresariais, compreendidas as sociedades de economia mista e as semiestatais, em que Administração Pública e parceiro privado formam uma nova pessoa jurídica, e parcerias contratuais, caracterizadas pela celebração de uma avença entre Administração Pública e parceiro privado sem a constituição de uma nova pessoa jurídica dessa parceria. As PPPs, regidas pela Lei Federal 11.079/2004 ("Lei de PPPs"), pertencem a essa segunda espécie de PPPs.

Como vimos *supra*, as PPPs nascem na Europa[42] e são transportadas ao Brasil justamente pela necessidade de se criar um mecanismo capaz de incentivar o privado a investir em infraestrutura, permitindo ao Estado diluir a contraprestação pelo investimento privado ao longo do prazo contratual.

Antes das PPPs, não havia instrumento jurídico que permitisse a celebração de contratos de longo prazo entre a Administração Pública e a iniciativa privada, pelo qual se previssem pagamentos por parte da Administração Pública. As avenças em que o pagamento de prestações periódicas no Brasil se resumia às hipóteses da Lei 8.666/1993, limitadas a contratações de até 60 meses.

---

[41] Parcerias empresariais e contratuais. *Revista da Faculdade de Direito da FGV*, 2015.
[42] Em Portugal, "as parcerias público-privadas, adiante designadas abreviadamente 'PPPs', surgiram nos anos 80 do século XX, fruto da retirada do Estado da prestação direta de serviços e bens e da construção de equipamentos e infraestruturas públicas e da transformação do Estado operador/prestador em regulador" (LEITÃO, Alexandra. *Parcerias público-privadas*. In: FERREIRA, Eduardo Paz; RODRIGUES, Nuno Cunha. *Novas fronteiras da contratação pública*. Coimbra: Coimbra Ed., p. 11).

As concessões comuns, regidas pela Lei 8.987/1995, preveem estrutura de remuneração com base em tarifas pagas pelos usuários, podendo ser complementadas por receitas extraordinárias. É bem verdade que sempre houve a possibilidade de subsídio das tarifas pagas pelos usuários pela Administração Pública, como é o caso das concessões dos serviços de transporte público de passageiros. Nesses serviços, é natural que, ainda em um regime de concessão comum, a tarifa seja complementada pela Administração Pública por meio de uma câmara de compensação.

De qualquer forma, não havia arranjo contratual previsto em lei que instrumentalizasse de forma direta a participação da Administração Pública na remuneração do parceiro privado, por meio de pagamento de contraprestação pública. Tampouco existia a possibilidade de celebração de contrato de longo prazo em que a remuneração pudesse ser integralmente garantida pela Administração Pública.

De acordo com o art. 2º, § 1º, da Lei de PPPs, a Concessão Patrocinada é a concessão de serviços públicos ou obras públicas, quando envolver, adicionalmente à tarifa cobrada dos usuários, contraprestação pecuniária.

Nos termos do art. 2º, § 2º, da Lei de PPPs, a concessão administrativa é o contrato de prestação de serviços de que a Administração Pública seja usuária direta ou indireta, ainda que envolva execução de obra ou fornecimento de bens. Na concepção legal, está implícita a necessidade de pagamento integral pela Administração Pública da remuneração do parceiro privado.

Assim, foi com a edição da Lei de PPPs e a inauguração da Concessão Patrocinada e da Concessão Administrativa que o governo se aparelhou com a possibilidade de pagamento complementar ou integral ao parceiro privado. Mais do que isso, merece especial atenção o fato de que esses arranjos contratuais nascem com o nome e com as características próprias das concessões, que são essenciais para que o parceiro privado consiga obter os empréstimos necessários para realizar os investimentos que dele serão exigidos no âmbito da contratação. Trataremos desse tema com maior detença no Capítulo 3 deste trabalho.

Assim, as PPPs permitem que a Administração Pública aproveite os benefícios dos meios de produção da iniciativa privada na realização das atividades públicas e também os benefícios de uma concessão, bem como realize uma contratação que seja neutra em termos de endividamento (*off--balance*), conforme veremos nos Capítulos 3 e 4 adiante.

Trata-se, assim, de contratos desenhados para combinar a possibilidade de uso de meios privados de financiamento a favor da Administração Pública, sem que esta incorra em endividamento. Modelos úteis, assim, a momentos de arroxo orçamentário.

2. O ORÇAMENTO PÚBLICO, A DÍVIDA PÚBLICA E A NATUREZA DAS DESPESAS COM PPPs

2.1 Considerações iniciais

As PPPs exigem a alocação de vultosos recursos públicos em contratos de longo prazo. A verificação da compatibilização dessa realidade com os princípios orçamentários e os limites impostos pela legislação orçamentária, sobretudo pela Lei de Responsabilidade Fiscal, é essencial à compreensão do instituto e sua efetiva utilidade enquanto instrumento de financiamento da infraestrutura brasileira.

Para alcançarmos essa compreensão, optamos por primeiramente analisar a disciplina jurídica do orçamento público no Brasil e das regras de responsabilidade fiscal, com maior atenção às regras que disciplinam o endividamento público. É o que faremos neste capítulo, para então buscar entender como as PPPs se inserem no contexto orçamentário e na agenda de responsabilidade estabelecida pela Lei Complementar 101/2000 e diplomas ancilares.

2.2 O orçamento público

O termo *orçamento* é coloquialmente aplicado ao resultado de uma previsão de despesas diante de determinado objetivo a ser alcançado ou projeto a ser realizado. Esse é o sentido do termo utilizado em nosso dia a dia quando pedimos um orçamento para um determinado reparo em nosso veículo ou para a construção ou reforma de nossa residência. Desse pedido de *orçamento* esperamos receber como resposta uma estimativa das despesas que o prestador de serviços terá para a execução do trabalho e também a indicação da remuneração pelo seu trabalho (usualmente chamado de custo de mão de obra), o que resultará no *preço* para a execução do serviço.

Esse sentido do termo *orçamento* não é apenas usado em nosso dia a dia. A Lei 8.666/1993 também trata *orçamento* como o documento que veicula quantitativos que formarão o preço a ser pago pela Administração Pública. Nos termos do art. 6º, inc. IX, "f", da Lei 8.666/1993, o Projeto Básico é o documento que veicula o conjunto de elementos necessários e suficientes, com o nível de precisão adequado para caracterizar a obra ou serviço, devendo conter entre seus elementos o "orçamento detalhado do custo global da obra, fundamentado em quantitativos de serviços e fornecimentos propriamente avaliados"[43].

---

[43] O art. 6º, inc. IX, da Lei 8.666/1993, estabelece: "IX – Projeto Básico – conjunto de elementos necessários e suficientes, com nível de precisão adequado, para caracterizar a obra ou serviço, ou complexo de obras ou serviços objeto da licitação, elaborado com base nas indicações dos estudos técnicos preliminares, que assegurem a viabilidade técnica e o adequado tratamento do impacto ambiental do empreendimento, e que possibilite a avaliação do custo da obra e a definição dos métodos e do prazo de execução, devendo conter os seguintes elementos: a) desenvolvimento da solução escolhida de forma a fornecer visão global da obra e identificar todos os seus elementos constitutivos com clareza; b) soluções técnicas globais e localizadas, suficientemente detalhadas, de forma a minimizar a necessidade de reformulação ou de variantes durante as fases de elaboração do projeto executivo e de realização das obras e montagem; c) identificação dos tipos de serviços a executar e de materiais e equipamentos a incorporar à obra, bem como suas especificações que assegurem os melhores resultados para o empreendimento, sem frustrar o caráter competitivo para a sua execução; d) informações que possibilitem o estudo e a dedução de métodos construtivos, instalações provisórias e condições organizacionais para a obra, sem frustrar o caráter competitivo para a sua execução; e) subsídios para montagem do plano de licitação e gestão da obra, compreendendo a sua programação, a estratégia de suprimentos, as normas de fiscalização e outros dados necessários em cada caso; f) orçamento detalhado do custo global da obra, fundamentado em quantitativos de serviços e fornecimentos propriamente avaliados". Ainda que o mais importante nesse momento seja apenas a identificação dos elementos que compõem o Projeto Básico, nos termos da Lei 8.666/1993, não poderíamos deixar de mencionar a diferença entre o planejamento exigido para a contratação de obras e serviços sob a regência desta lei e as contratações de PPPs. A instauração de uma licitação para obras e serviços no regime da Lei 8.666/1993 depende da existência do Projeto Básico, quando se tratar de obras de engenharia, e do que usualmente se denomina Termo de Referência para atividades diversas das obras. A relevância jurídica dessa exigência está no fato de não se pode empregar recursos

Assim, o uso mais comum da palavra orçamento remete justamente a um documento em que se veicula um preço de determinado produto, com o detalhamento das despesas que o compõem. No entanto, essa noção é insuficiente para termos a exata compreensão do que seja orçamento público. Para tanto, recorremos aos ensinamentos de Aliomar Baleeiro sobre os orçamentos públicos:

> Os orçamentos documentam expressivamente a vida financeira de um país ou de uma circunscrição política em determinado período, geralmente um ano, porque contêm o cálculo das receitas e despesas autorizadas para o funcionamento dos serviços públicos ou para outros fins projetados pelos governos. A sua importância, sob vários pontos de vista, é imensa, como a própria evolução das ideias orçamentárias o testifica[44].

O doutrinador português António Luciano de Souza Franco define orçamento público como "uma previsão, em regra anual, das despesas a realizar pelo Estado e dos processos de as cobrir, incorporando a autori-

---

públicos em "empreendimentos com dimensões não estimadas ou estimadas em perspectivas irreais, inexequíveis, onerosas ou não isonômicas" (JUSTEN FILHO, Marçal. *Comentários à Lei de Licitações e Contratos Administrativos*. 16. ed. São Paulo: RT, 2014. p. 178). As PPPs, que são contratos, os quais, conforme veremos no próximo capítulo, não podem ser utilizados apenas para a construção de obra pública (art. 2º, § 4º, inc. III, da Lei de PPPs), possuem premissa distinta com relação ao seu planejamento e permitem que a individualização do objeto seja feita apenas com nível de detalhamento de anteprojeto de engenharia (art. 10, § 4º, da Lei de PPPs). Essa diferença de tratamento jurídico indica simplesmente a adoção de um novo paradigma de planejamento no âmbito das PPPs. Como dissemos em nosso Capítulo 1, as PPPs, e as parcerias com a Administração Pública em geral, estão inseridas em um contexto de maior participação da iniciativa privada em atividades administrativas, de modo que o menor detalhamento no campo da engenharia para a licitação de projetos de PPPs nos parece consequência desse próprio contexto, ampliando a participação do parceiro privado na própria concepção dos elementos iniciais do projeto de engenharia. Além disso, muitos autores costumam entender que a concepção do projeto pelo seu executor tende a alinhar melhor os incentivos para a execução do projeto, diminuindo os litígios entre projetistas e executores e, consequentemente, trazendo maior eficiência (melhores resultados e custos mais baixos) para o projeto capitaneado pela Administração Pública.

[44] BALEEIRO, Aliomar. *Uma introdução à ciência das finanças*. 18. ed. rev. e atual. por Hugo de Brito Machado Segundo. Rio de Janeiro: Forense, 2012. p. 523.

zação concedida à administração para realizar despesas e cobrar receitas e limitando os poderes financeiros da administração em cada ano"[45].

Regis Fernandes de Oliveira explica que, em sua concepção clássica, "o orçamento era uma peça que continha a previsão das receitas e a autorização das despesas, sem preocupação com planos governamentais e com interesses efetivos da população. Era uma mera peça contábil, de conteúdo financeiro"[46]. O mesmo autor explica em sua obra que o conceito de orçamento passou por grande evolução, deixando de ser uma mera peça contábil para alçar o papel de "instrumento poderoso de intervenção na sociedade, planejando a economia"[47], no momento atual em que a "economia é trazida para o centro da política"[48].

A partir de uma visão abrangente do Estado Democrático de Direito brasileiro, J. R. Caldas Furtado, com nítida influência de Aliomar Baleeiro[49] e também tratando da característica de política pública apontada acima por Regis Fernandes de Oliveira, define orçamento público como:

> o instrumento através do qual os cidadãos, por intermédio de lei aprovada por seus representantes do Parlamento, fixam a despesa e preveem a receita para o período de um ano, a partir da determinação dos serviços públicos que serão prestados pelo Estado e dos demais objetivos da política orçamentária, bem como, da definição de quais, e de que forma, setores da sociedade financiarão a atividade estatal[50].

A abrangente definição de J. R. Caldas Furtado incorpora ao termo orçamento público a participação popular, por meio de seus representantes eleitos, sua natureza de lei, por se tratar de processo legislativo, a fixação

---

[45] FRANCO, António Luciano de Souza. *Manual de finanças públicas e direito financeiro*. Lisboa: Guerra-Viseu, 1974. vol. I, p. 626.
[46] OLIVEIRA, Regis Fernandes de. *Curso de direito financeiro*. São Paulo: RT, 2006. p. 304-305.
[47] Idem, p. 309.
[48] Idem, ibidem.
[49] Para quem, nos "Estados Democráticos, o orçamento é considerado o ato pelo qual o Poder Legislativo prevê e autoriza ao Poder Executivo, por certo período e em pormenor, as despesas destinadas ao funcionamento dos serviços públicos e outros fins adotados pela política econômica ou geral do país, assim como a arrecadação das receitas já criadas" (BALEEIRO, Aliomar. *Uma introdução à ciência das finanças* cit., p. 524).
[50] FURTADO, J. R. Caldas. *Direito financeiro* cit., p. 56.

de despesas e previsão de receitas (núcleo da ideia clássica de orçamento), a periodicidade anual e o caráter de planejamento das ações governamentais (elemento de intervenção na sociedade e realização de políticas públicas, apontado por Regis Fernandes de Oliveira) a partir do financiamento (custeio) pela sociedade.

Todos esses elementos dão a dimensão da importância do orçamento público no Brasil, e evidenciam que sua confecção está submetida necessariamente ao Poder Legislativo e igualmente ao regime jurídico administrativo. Em um primeiro momento, por ser lei de iniciativa do Poder Executivo, o orçamento, em sua confecção, deve se submeter ao princípio da legalidade e da supremacia do interesse público, não sendo dado ao administrador público o direito de tutelar interesses privados, sob pena de desvio de finalidade. O mesmo ocorre na aplicação do orçamento pelos Poderes Executivo, Legislativo e Judiciário, já que a aplicação do orçamento pelos dois últimos poderes configura verdadeiro exercício de função administrativa (exercício, portanto, atípico de função própria do Poder Executivo)[51].

Por força do art. 165, incs. I a III, da Constituição Federal, a elaboração do orçamento público depende da edição de três diferentes leis orçamentárias, as quais devem refletir de maneira coordenada o planejamento orçamentário de cada ente federado. A edição das leis orçamentárias requer processo legislativo próprio. Todas são de iniciativa própria do Poder Executivo, por força do art. 165, incs. I a III, da Constituição Federal, e todas essas leis possuem vigência temporária. Vejamos cada uma delas.

2.2.1 O Plano Plurianual

O Plano Plurianual ou PPA, como o próprio nome diz, é uma lei orçamentária que tem alcance mais longo do que as demais leis orçamentárias, quatro anos, enquanto a Lei de Diretrizes Orçamentárias e a Lei Orçamentária Anual são destinadas a regrar um exercício fiscal, que coincide com um ano no calendário, conforme veremos adiante.

---

[51] Sobre o exercício de função administrativa ver BANDEIRA DE MELLO, Celso Antônio. *Curso de direito administrativo* cit., p. 36-37.

A vigência, os prazos, a elaboração e a organização do Plano Plurianual[52-53-54] deveriam ter sido determinados por lei complementar, por força do art. 165, § 9º, inc. I, da Constituição Federal. A ausência até o momento de tal lei complementar nos leva à regra do art. 35, § 2º, inc. I, do Ato das

---

[52] A regra para Estados e Municípios será disciplinada pelas respectivas Constituições Estaduais e Leis Orgânicas – na ausência, aplica-se a regra do ADCT por analogia. Nesse ponto vale referência ao fato de que o art. 3º da Lei de Responsabilidade Fiscal previa que o projeto de lei para aprovação do Plano Plurianual seria elaborado pelo Poder Executivo e encaminhado ao Poder Legislativo para apreciação até o dia 30 de abril do primeiro ano do Chefe do Poder Executivo. Também previa que o PPA seria devolvido à sanção até o encerramento do primeiro período legislativo (primeiro semestre). Tal artigo foi vetado pelo então presidente Fernando Henrique Cardoso sob a justificativa de que o prazo estabelecido para a confecção e discussão legislativa do PPA era extremamente curto. Nos termos das razões de veto: "a elaboração do plano plurianual é uma tarefa que se estende muito além dos limites do órgão de planejamento do governo, visto que mobiliza todos os órgãos e unidades do Executivo, do Legislativo e do Judiciário. Além disso, o novo modelo de planejamento e gestão das ações, pelo qual se busca a melhoria de qualidade dos serviços públicos, exige uma estreita integração do plano plurianual com o Orçamento da União e os planos das unidades da Federação. Acrescente-se, ainda, que todo esse trabalho deve ser executado justamente no primeiro ano de mandato do Presidente da República, quando a Administração Pública sofre as naturais dificuldades decorrentes da mudança de governo e a necessidade de formação de equipes com pessoal nem sempre familiarizado com os serviços e sistemas que devem fornecer os elementos essenciais para a elaboração do plano. Ademais, a fixação de mesma data para que a União, os Estados e os Municípios encaminhem, ao Poder Legislativo, o referido projeto de lei complementar não leva em consideração a complexidade, as peculiaridades e as necessidades de cada ente da Federação, inclusive os pequenos municípios". O veto acabou atingindo também previsão pela qual deveria constar do PPA o Anexo de Política Fiscal, no qual seriam "estabelecidos os objetivos e metas plurianuais de política fiscal a serem alcançados durante o período de vigência do plano, demonstrando a compatibilidade deles com as premissas e objetivos das políticas econômica nacional e de desenvolvimento social". A justificativa ao veto que excluiu também o Anexo de Política Fiscal menciona a existência do Anexo de Metas Fiscais, documento que acompanha a LDO, cujo conteúdo substituiria veiculando com maior riqueza de detalhes as variáveis fiscais que seriam tratadas no Anexo de Política Fiscal.

[53] José Maurício Conti entende que "a vigência do plano plurianual é discutível, tendo em vista não existir lei complementar que o defina [sic]. Admite-se que deva ser elaborado para o período de três anos, por analogia ao disposto no art. 23 da LF n. 4.320/64 ('As receitas e despesas da capital serão objeto de um Quadro de Recursos de Aplicação de Capita, aprovado por decreto do Poder Executivo, abrangendo, no mínimo um triênio') e em face do que consta no art. 6º da LC n. 3/67 ('O Orçamento Plurianual de Investimento, que abrangerá período de três anos...'). mas há quem entenda que o prazo é de cindo anos (Carlos Nivan Maia, A relação... p 30)" (*Direito financeiro na Constituição de 1988*. São Paulo: Oliveira Mendes, 1988. p. 80-81).

[54] O que se aplica à Lei de Diretrizes Orçamentárias e a Lei Orçamentária Anual, conforme veremos a seguir.

Disposições Constitucionais Transitórias, que continua a orientar a vigência, prazos e procedimentos para a edição do Plano Plurianual. Nos termos de tal regra, o projeto do PPA será encaminhado até quatro meses antes do encerramento do primeiro exercício financeiro de um novo mandato de Presidente da República e deverá ser devolvido à sanção do Executivo até o encerramento da sessão legislativa. Isso significa que o Plano Plurianual, vigente por quatro anos, será aplicável ao segundo, terceiro e quarto ano do mandato do presidente responsável por sua iniciativa e no primeiro ano de seu sucessor.

Apesar da regra da quadrienalidade, José Maurício Conti explica, com razão, que "o plano plurianual deve ser renovado todos os anos, acrescentando-se as previsões de mais um ano, de modo a assegurar a projeção contínua dos períodos (LF n. 4.320/64, art. 23, parágrafo único, por analogia), o que não vem sendo observado"[55].

De qualquer modo, a regra da quadrienalidade tem sentido em sua função programática ou orientativa do Plano Plurianual[56]. Isso porque o Plano Plurianual deve conter as diretrizes, objetivos e metas para as despesas de capital e outras delas decorrentes e para as relativas aos programas de duração continuada (art. 165, § 1º, da Constituição Federal)[57]. Para o bom entendimento da orientação constitucional, cabe esclarecer o que se deve entender por (i) despesas de capital e (ii) despesas decorrentes das despesas de capital.

Nos termos do art. 12 da Lei 4.320/1964, as despesas da Administração Pública são classificadas em *despesas correntes* e *despesas de capital*.

As *despesas correntes* são compostas de duas espécies. As *despesas de custeio* e *transferências correntes*. Classificam-se como *despesas de custeio* as dotações para manutenção de serviços anteriormente criados, inclusive as destinadas a atender obras de conservação e adaptação de bens imóveis (art. 12, § 1º, da Lei 4.320/1964). Por sua vez, as *transferências correntes* são as dota-

---

[55] CONTI, José Maurício. *Direito financeiro na Constituição de 1988* cit., p. 81.
[56] De acordo com Ricardo Lobo Torres, o Plano Plurianual "constitui mera programação ou orientação, que deve ser respeitada pelo Executivo na execução dos orçamentos anuais, mas que não vincula o Legislativo na feitura das leis orçamentárias" (*Curso de direito financeiro e tributário*. 15. ed. Rio de Janeiro: Renovar, 2008. p. 173).
[57] Nos termos do art. 165, § 1º, da Constituição Federal, "A lei que instituir o plano plurianual estabelecerá, de forma regionalizada, as diretrizes, objetivos e metas da administração pública federal para as despesas de capital e outras delas decorrentes e para as relativas aos programas de duração continuada".

ções para despesas às quais não corresponda contraprestação direta em bens ou serviços para o ente federado, incluindo-se nelas as contribuições e subvenções destinadas a atender à manifestação de outras entidades de direito público ou privado (art. 12, § 2º, da Lei 4.320/1964)[58].

Visto isso, podemos entender as *despesas correntes* como aquelas despesas geradas para a manutenção da prestação das atividades públicas, bem como para a conservação e o funcionamento dos bens públicos existentes. Ou seja, são despesas de custeio da máquina estatal.

Nos termos da Lei 4.320/1964, há três espécies de *despesas de capital*, quais sejam, (i) os *investimentos*, (ii) as *inversões financeiras*, e (iii) as *transferências de capital*. Classificam-se como *investimentos* as dotações para o planejamento e a execução de obras, inclusive as destinadas à aquisição de imóveis considerados necessários à realização de tais obras, bem como para os programas especiais de trabalho, aquisição de instalações, equipamentos e material permanente e constituição ou aumento de capital de empresas que não sejam de caráter comercial ou financeiro (art. 12, § 4º, da Lei 4.320/1964). Sob o signo das *inversões financeiras* estão as despesas com aquisição de imóveis ou bens de capital já em utilização, de títulos representativos de capital social de empresas de qualquer espécie, já constituídas, quando a operação não importe aumento do capital, bem como a constituição ou o aumento de capital de entidades ou empresas que visem a objetivos comerciais ou financeiros, inclusive operações bancárias ou de seguros (art. 12, § 5º, da Lei 4.320/1964).

Por fim, as *transferências de capital* são as dotações para investimentos ou inversões financeiras que outras pessoas de direito público ou privado devam realizar, independentemente de contraprestação direta em bens ou serviços, constituindo essas transferências auxílios ou contribuições, segundo derivem diretamente da Lei Orçamentária Anual ou de lei especialmente anterior, bem como as dotações para amortização da dívida pública (art. 12, § 5º, da Lei 4.320/1964).

Com efeito, as despesas de capital são, de forma geral, as despesas destinadas à execução de obras para a consequente instalação de novos bens públicos, bem como a expansão da prestação de atividades e serviços públi-

---

[58] Entram na classificação de transferências correntes os juros da dívida, as contribuições pagas ao custeio da previdência social, bem como as doações do ente federado a instituições privadas.

cos e o emprego de recursos públicos em novos empreendimentos integralmente estatais ou em parceria com a iniciativa privada.

Dado esse cenário, a interpretação do art. 165, § 1º, da Constituição Federal é no sentido de que o Plano Plurianual é lei orçamentária que prevê as diretrizes, objetivos e metas para a realização dos *investimentos* (aqui usado como sinônimo de *despesas de capital*) relevantes nos próximos quatro anos, bem como as *despesas correntes que decorrerão dos investimentos realizados*.

Ora, é evidente que a criação de um novo bem ou serviço público implicará a criação de despesas, as quais devem ser desde já previstas no Plano Plurianual. Uma vez entregue o novo bem ou criado o serviço, as despesas antes previstas no Plano Plurianual passarão a ser classificadas como meramente despesas correntes (e não mais despesas correntes que decorrem de investimentos) e deixarão de estar previstas em tal lei orçamentária.

Constam também do Plano Plurianual diretrizes, objetivos e metas dos programas de duração continuada, os quais não são definidos em lei, mas devem ser entendidos como aqueles programas:

> com execução prevista para um período superior a um exercício financeiro, que resultam em prestações de serviços diretamente à comunidade, excluídas as ações de manutenção administrativa (despesas com pessoal etc.), o pagamento de benefícios previdenciários e os encargos financeiros. Exemplo: programa Bolsa Família do Governo Federal[59].

Nesse sentido, dentro de seu escopo, o PPA orienta a elaboração da Lei de Diretrizes Orçamentárias e da Lei Orçamentária Anual. Tanto é assim que, no art. 5º da Lei de Responsabilidade Fiscal, estabelece-se que o projeto da Lei Orçamentária Anual deverá ser elaborado de forma compatível com a Lei de Diretrizes Orçamentárias e com o Plano Plurianual. A Lei de Responsabilidade Fiscal também determina que o aumento de despesa acarretado pela criação, expansão ou aperfeiçoamento de ação governamental deverá ser objeto de declaração do ordenador de despesa de que tal aumento tem adequação orçamentária e é compatível com o Plano Plurianual.

---

[59] FURTADO, J. R. Caldas. *Direito financeiro* cit., p. 115.

Veja-se que as despesas ocasionadas por contratos de PPPs possuem justamente essa característica, de gerarem necessariamente um investimento de vulto (ao menos R$ 20 milhões, conforme veremos com maior detalhe a seguir) e despesas decorrentes da realização do investimento. Não por outra razão o art. 10, inc. V, da Lei de PPPs determina que a abertura do processo licitatório para a contratação de PPP esteja condicionada ao objeto da PPP estar previsto no PPA em vigor no âmbito em que o contrato será celebrado[60].

2.2.2 A Lei de Diretrizes Orçamentárias

A Lei de Diretrizes Orçamentárias ou LDO foi uma inovação da Constituição de 1988, inspirada na experiência da Alemanha e da França[61]. Trata-se de um instrumento de planejamento orçamentário de curto prazo, já que a Lei de Diretrizes Orçamentárias tem vigência de um exercício fiscal.

De acordo com o art. 35, § 2º, do Ato das Disposições Constitucionais Transitórias, o projeto de Lei de Diretrizes Orçamentárias deve ser encaminhado até oito meses e meio antes do encerramento do exercício financeiro e devolvido para sanção até o encerramento do primeiro período da sessão legislativa[62].

---

[60] O tema será o centro da análise feita no Capítulo 3 a seguir.

[61] Para José Maurício Conti, o papel da LDO tem sido cada vez mais relevante na condução dos rumos das finanças públicas brasileiras e explica seu processo de criação na constituinte de 1988: "Durante os trabalhos da Assembleia Constituinte, aventou-se a possibilidade de um orçamento bianual, válido por dois anos, em substituição ao modelo tradicional, no Brasil e no mundo, de orçamentos anuais. A ideia acabou não vingando, mas surgiu o projeto de um 'pré-orçamento', com vistas principalmente a aumentar a participação do Poder Legislativo na elaboração da lei orçamentária. Definiu-se, portanto, que haveria esta lei, precedendo a lei orçamentária anual, na qual seriam definidas as prioridades e metas da administração pública para o exercício seguinte, orientando a elaboração do orçamento" (Disponível em: <http://www.conjur.com.br/2013-abr-09/contas-vista-ldo-instrumento-util-gestao-administracao-publica#_ftn1_4932>. Ver também: FURTADO, J. R. Caldas. *Direito financeiro* cit., p. 118).

[62] A exemplo do que ocorre com o PPA, a confecção da LDO segue observando o disposto no ADCT, por ausência da edição da Lei Complementar mencionada no art. 165, § 9º, inc. I, da Constituição Federal. Vale notar que o Constituinte atribuiu especial importância à apreciação do projeto da LDO pelo Congresso Nacional, na medida em que impede o encerramento do primeiro período da sessão legislativa, caso não haja a apreciação do projeto de LDO pelo Legislativo (art. 57, § 2º, da Constituição Federal). Outros entes federados,

Assim, a Lei de Diretrizes Orçamentárias é integralmente produzida no primeiro semestre de cada ano, tendo por objetivo: (i) a fixação de metas e prioridades da Administração Pública, incluindo as *despesas de capital* para o exercício financeiro subsequente; (ii) a orientação para a elaboração da Lei Orçamentária Anual; (iii) a disposição sobre as alterações na legislação tributária; e (iv) o estabelecimento da política de aplicação das agências oficiais de fomento. Assim, a Lei de Diretrizes Orçamentárias, na medida em que se vincula ao disposto no Plano Plurianual, orienta em maior detalhe a elaboração da Lei Orçamentária Anual.

A Lei de Responsabilidade Fiscal dedicou à Lei de Diretrizes Orçamentárias papel fundamental, aumentando suas atribuições, sobretudo nos termos de seu art. 4º. Uma das atribuições mais importantes dada à Lei de Diretrizes Orçamentárias pela Lei de Responsabilidade Fiscal foi a necessidade de veiculação do Anexo de Metas Fiscais e do Anexo de Riscos Fiscais.

Nos termos do art. 4º, § 1º, da Lei de Responsabilidade Fiscal, no Anexo de Metas Fiscais serão estabelecidas metas anuais, em valores correntes e constantes, relativas a receitas, despesas, resultado nominal e primário e montante da dívida pública, para o exercício a que se referirem e para os dois anos seguintes.

Tal anexo ainda conterá: (i) avaliação do cumprimento das metas relativas ao ano anterior; (ii) demonstrativo das metas anuais; (iii) evolução do patrimônio, também nos três últimos exercícios, destacando a origem e a aplicação dos recursos obtidos com a alienação de ativos; (iv) avaliação da situação financeira e atuarial; e (v) demonstrativo da estimativa e compensação da renúncia de receita e da margem de expansão das despesas obrigatórias de caráter continuado.

Assim, por meio do Anexo de Metas Fiscais, qualquer cidadão poderá verificar dados históricos importantes relativos à evolução, por exemplo, do patrimônio público e das despesas de caráter continuado, sendo capaz de realizar o controle social do orçamento. Mais do que isso, o Anexo de Metas Fiscais permite a verificação do cumprimento das estimativas feitas e do impacto orçamentário de determinadas obras e atividades administrativas.

por vezes, estabelecem datas diferentes, como é o caso do Estado de São Paulo, que prevê o encaminhamento do projeto até o dia 30 de abril (art. 174, § 9º, 2, da Constituição Estadual).

A contratação de PPPs depende fundamentalmente da compatibilidade com o Anexo de Metas Fiscais. Isso porque as despesas criadas ou aumentadas não poderão afetar as metas de resultados fiscais previstas em tal anexo, devendo seus efeitos financeiros, nos períodos seguintes, ser compensados pelo aumento permanente da receita ou pela redução permanente de despesa (art. 10, inc. I, "b", da Lei de PPPs). Isso quer dizer que as despesas geradas pela contratação de uma PPP por um determinado ente federado não poderão afetar seu equilíbrio fiscal.

Assim, a Lei de PPPs determina que a contratação de PPPs observe o mesmo cuidado que a Lei de Responsabilidade Fiscal determinou à criação ou incremento de despesas de caráter continuado (art. 17, § 1º, da LRF). A Lei de Responsabilidade Fiscal classifica despesas de caráter continuado como aquelas que se originam de ato legislativo ou administrativo que fixem para o ente obrigação legal de sua execução por um período superior a dois exercícios. Veremos esse tema com maior detalhe e com foco nas PPPs no Capítulo 5 deste trabalho.

2.2.3 A Lei Orçamentária Anual

A Lei Orçamentária Anual ou LOA contém a discriminação da receita e da despesa de um determinado exercício orçamentário. Na Lei Orçamentária Anual estão presentes a política financeira e o programa de trabalho de um determinado governo (art. 2º da Lei 4.320/1964). No caso da União, a Lei Orçamentária Anual compreenderá o orçamento fiscal, o orçamento das empresas estatais federais e o orçamento da seguridade social (art. 165, § 5º, da Constituição Federal).

A Lei Orçamentária Anual, como o próprio nome diz, tem vigência anual. O projeto que encaminha a Lei Orçamentária Anual deve ser enviado pelo Poder Executivo quatro meses antes do encerramento do exercício financeiro e devolvido para sanção até o encerramento da sessão legislativa do ano anterior à vigência da LOA (art. 35, § 2º, inc. II, do Ato das Disposições Constitucionais Transitórias). A exemplo do que ocorre com o Plano Plurianual e a Lei de Diretrizes Orçamentárias, o procedimento é regido pelo Ato das Disposições Constitucionais Transitórias até a edição da Lei Complementar a que se refere o art. 165, § 9º, da Constituição Federal. Estados e Municípios podem estabelecer procedimentos próprios para a aprovação da Lei Orçamentária Anual nas respectivas constituições estaduais e leis orgânicas, valendo-se do Ato das Disposições Constitucionais Transitórias caso as regras locais não tenham tratado sobre o tema.

A Lei Orçamentária Anual deve tratar exclusivamente de matéria orçamentária, por força do art. 165, § 8º, da Constituição Federal. Esse dispositivo constitucional consagra o denominado princípio da exclusividade, pelo qual a Lei Orçamentária Anual deve ser dedicada às matérias orçamentárias descritas *supra*, não cabendo qualquer outro tema, como, por exemplo, a instituição de um tributo, que não esteja previsto na regra de exceção também veiculada no art. 165, § 8º, da Constituição Federal[63].

Por força do art. 7º, § 2º, inc. III, da Lei 8.666, as obras e serviços somente poderão ser licitados quando houver previsão de recursos orçamentários que assegurem o pagamento das obrigações decorrentes de obras ou serviços a serem executados no exercício financeiro em curso, de acordo com o respectivo cronograma. Isso significa a reafirmação de que a execução orçamentária depende de previsão na Lei Orçamentária Anual, de modo que o Administrador Público será vedado de iniciar processo licitatório para contratação, e consequente contração de despesa para o exercício financeiro em curso, caso não haja previsão da despesa em medida suficiente ao seu pagamento na lei orçamentária vigente[64].

A Lei de PPPs, como não poderia ser diferente, seguiu a mesma linha, e previu, em seu art. 10, inc. III, em conjunto com a declaração do ordenador de que as despesas contraídas com PPPs são compatíveis com a Lei de Diretrizes Orçamentárias, que elas estão previstas na Lei Orçamentária Anual. A interpretação dessa previsão é de que as despesas para aquele

---

[63] Regis Fernandes de Oliveira explica nesse sentido que "a exclusividade significa que não pode o texto da lei orçamentária instituir tributo, por exemplo, nem qualquer outra determinação que fuja às finalidades específicas de previsão de receita e fixação de despesa. O próprio dispositivo abre exceções. A operação para antecipação de receita significa que, no início do ano, normalmente, o governo não tem caixa para suportar os gastos iniciais, especialmente aqueles relativos ao pagamento do funcionalismo público. Logo, tem de obter financiamento perante bancos comuns para suportar os gastos iniciais, até que haja ingresso de dinheiro. Da mesma forma, quando se cuida de crédito suplementar. Isso independe de previsão orçamentária, diante da excepcionalidade do fato. Em suma, o princípio da exclusividade inadmite exceção, salvo aquelas previstas expressamente" (*Curso de direito financeiro* cit., 2006, p. 326-327).

[64] Ver: (i) Acórdão 2.248/2006, Plenário, Rel. Min. Benjamin Zymler, (ii) Acórdão 1.231/2012, Plenário, Rel. Min. Walton Alencar Rodrigues, e (iii) Acórdão 1.464/2012, Plenário, Rel. Min. Raimundo Carreiro.

exercício em que ocorrerá a contratação da PPP devem estar previstas na Lei Orçamentária Anual, sendo o controle de fluxos futuros feito por outros dispositivos constantes do mesmo art. 10 da Lei de PPPs. Todos esses dispositivos serão analisados com maior riqueza de detalhes no Capítulo 5.

Dadas as noções preliminares do que seja e de como funciona a sistemática do orçamento público no Brasil, podemos partir para a análise do *crédito público*, noção fundamental para, posteriormente, identificarmos o contexto em que as PPPs se inserem na execução orçamentária.

2.3 Crédito público

2.3.1 Contextualização

Conforme tivemos a oportunidade de demonstrar no Capítulo 1 *supra*, as PPPs nasceram com dois objetivos precípuos: (i) aumentar a participação da iniciativa privada nas atividades administrativas, de modo a possibilitar que a Administração Pública se aproveite das experiências e dos meios de contratação aplicáveis à iniciativa privada para a prestação de atividades públicas; e (ii) permitir que a Administração Pública faça investimentos em infraestrutura e em outras atividades administrativas por meio de pagamentos diferidos no tempo. Ou seja, a Administração Pública troca um investimento inicial maciço na construção do projeto por pagamentos periódicos ao longo da prestação dos serviços contratados[65].

Esse segundo objetivo permite que a Administração Pública realize mais projetos com recursos escassos. Com isso, maximiza o uso dos recursos orçamentários, atingindo uma das funções do orçamento público.

Ora, temos que considerar que a contratação de um empréstimo diretamente pela Administração Pública poderia alcançar igualmente o segundo

---

[65] Sobre esse tema ver a clara exposição de Kleber Luiz Zanchim, que, ao comentar o art. 7º da Lei de PPPs, explica: "A norma segue a premissa de que nas PPP, em princípio, o parceiro privado deve captar os recursos necessários ao projeto para, somente após a disponibilização dos serviços aos usuários, começar a ser remunerado pelo parceiro público. Tal mecanismo permitiria, em tese, a alavancagem dos investimentos estatais, pois os pagamentos do Estado seriam diferidos, facilitando a administração de seu fluxo de caixa de modo a viabilizar a satisfação de um número maior de demandas da sociedade ao mesmo tempo" (Aporte de recursos nas parcerias público-privadas – contabilização e aspectos fiscais. In: DAL POZZO, Augusto *et al. Parcerias público-privadas*. Belo Horizonte: Fórum, 2014. p. 91-92).

objetivo para o qual as PPPs foram criadas. Isso porque, com os recursos em caixa e a obrigação de pagar no futuro, a Administração Pública seria capaz de realizar os investimentos necessários e pagar sua dívida ao longo do tempo.

Entretanto, qual seria a vantagem das PPPs em face da tomada de empréstimos diretamente pela Administração Pública? É o que buscaremos abordar no capítulo seguinte, mas não sem antes observarmos as regras atinentes ao crédito público, o que passamos a fazer agora.

2.3.2 Definição de crédito público

Conforme já demonstrado, por meio do orçamento público, a Administração Pública identifica as necessidades públicas para as quais haverá uma determinada despesa e a essas despesas aloca receitas próprias, usualmente derivadas da cobrança de tributos e de outras receitas orçamentárias não tributárias[66].

Ocorre que, por vezes, os recursos orçamentários não são suficientes para o atendimento a todas as necessidades/despesas públicas. Nessas situações, a Administração Pública recorre justamente a recursos de terceiros para financiar as necessidades/despesas públicas prementes, as quais estariam descobertas se consideradas apenas as receitas públicas próprias[67].

---

[66] Sobre receitas não tributárias ver: OLIVEIRA, Regis Fernandes. *Receitas não tributárias*. 2. ed. São Paulo: RT, 2004.

[67] Receita pública é espécie do gênero ingresso público. Considera-se ingresso público qualquer quantia recebida pela Administração Pública, em caráter definitivo ou transitório. Os recursos financeiros recebidos em caráter definitivo correspondem às receitas públicas, enquanto que os recursos provisórios, que estão apenas momentaneamente em poder estatal, são qualificados como ingressos públicos de terceiros. Assim, os recursos provenientes de crédito público, como possuem a característica de serem transitórios, são classificados metodologicamente como arrecadação provisória de terceiros, que é outra espécie do gênero ingressos públicos, não se configurando receita. É por essa razão que, em linha com doutrinadores financistas (*e.g.*, FURTADO, J. R. Caldas. *Direito financeiro* cit., p. 395), dizemos que os recursos provenientes de crédito público são receitas impróprias. As receitas públicas geralmente são divididas em dois grandes grupos: a) as receitas originárias ou de economia privada, ou ainda de direito privado; b) as receitas derivadas ou de economia pública, ou, ainda, de direito público. As *receitas originárias* são aquelas que têm origem a partir dos bens públicos (receitas patrimoniais) ou da exploração econômica desses bens (receitas empresariais). Em ambas as situações o Estado atua como se um particular fosse, sem exercer seus poderes de autoridade. No grupo das receitas patrimoniais estão os aluguéis, arrendamentos, laudêmios, foros de

ASPECTOS ORÇAMENTÁRIOS DAS PARCERIAS PÚBLICO-PRIVADAS

Com efeito, a expressão *crédito público*, em finanças públicas e direito financeiro[68], significa os procedimentos que possibilitam ao Estado obter, interna ou externamente, parte das receitas públicas, por meio de ope-

terrenos de marinha, taxas de ocupação de terrenos, doações de particulares, alienações de bens, indenizações, juros, participações, dividendos, dentre outros exemplos. Por sua vez, as receitas empresariais englobam os recursos provenientes do desempenho de determinada atividade de caráter econômico, tais como as receitas advindas da exploração agropecuária, industrial e de serviços. Por outro lado, as *receitas derivadas* resultam do poder de autoridade estatal, isto é, compreendem as arrecadações obtidas compulsoriamente pelo Poder Público mediante a imposição da conduta de pagamento diante de determinadas circunstâncias. São exemplos dessa categoria as penalidades pecuniárias (multas) e os tributos. A classificação comumente adotada para as receitas públicas é a instituída pela Lei Federal 4.320/1964, a qual, em seu art. 11, faz referência às denominadas receitas correntes e receitas de capital. *Receitas correntes* são aquelas destinadas a satisfazer as denominadas despesas públicas correntes. São exemplos as receitas tributárias, de contribuições, patrimonial, agropecuária, industrial, de serviços e outras e, ainda, as provenientes de recursos financeiros recebidos de outras pessoas de direito público ou privado (art. 11, § 1º). Por outro lado, *receitas de capital* são as provenientes da realização de recursos financeiros oriundos da constituição de dívidas; da conversão, em espécie, de bens e direitos; os recursos recebidos de outras pessoas de direito público ou privado, destinados a atender despesas classificáveis em despesas públicas de capital e, ainda, o superávit do orçamento corrente (art. 11, § 2º).

[68] Veja-se que crédito público pode assumir a conotação subjetiva de confiança na solvência de uma obrigação pela Administração Pública. Esse sentido, que deriva do próprio significado do termo crédito, tem reflexo direto nas condições de tomada de recursos pela Administração Pública junto à sociedade. Ora, a atividade das agências de risco, como Moody's, Standard & Poor's e Fitch, tem por objetivo justamente aferir as condições para o pagamento da dívida assumida pela Administração Pública. A depender dos elementos percebidos pelo mercado e refletidos nos relatórios e notas das agências de risco, a Administração Pública terá à sua disposição piores ou melhores condições de realizar a operação de crédito pretendida. Na página da Secretaria do Tesouro Nacional consta uma breve explicação sobre o que se entende por grau de investimento de um país, vejamos: "É uma classificação dada pelas agências de *rating* (Fitch, Moody's, S&P, dentre outras) aos países que possuem boa capacidade de honrar o pagamento de sua dívida. O *rating* é um instrumento relevante para os investidores, uma vez que fornecer uma opinião independente a respeito do risco de crédito da dívida do país analisado" (Disponível em: <http://www.tesouro.fazenda.gov.br/tesouro-direto-conheca-o--tesouro-direto>). Investir em país sem grau de investimento significa a assunção de um risco (probabilidade) maior de não receber de volta o valor investido nas condições pactuadas na partida do investimento. Assim, para atrair investidores, um país sem grau de investimento terá certamente de oferecer condições mais vantajosas aos investidores, e, consequentemente, desvantajosas à Administração Pública e aos seus cidadãos, para que sejam suficientes a compensar a probabilidade mais alta de não pagamento. Dessa forma, cuidar do equilíbrio das contas públicas tem efeitos diretos na qualidade das relações estabelecidas entre a Administração Pública e seus credores.

rações de crédito realizadas pelo Estado com pessoas físicas ou jurídicas para custear despesas públicas, mediante o pagamento de juros e outros encargos[69]. Assim, crédito público pode ser e é frequentemente utilizado como sinônimo de empréstimo público.

2.3.3 Breve histórico do crédito público

Ricardo Lobo Torres nos explica que, na época do Estado Patrimonial, o tributo e o empréstimo não ocupavam lugar relevante na composição das receitas públicas. Isso porque as receitas eram obtidas quase que integralmente da renda do patrimônio do monarca, pensando sobre o empréstimo como condenação moral, já que os juros, que remuneram o empréstimo, eram confundidos com a usura[70]. Na mesma linha, Aliomar Baleeiro descreve que:

os empréstimos medievais e até os dos primeiros séculos da Idade Moderna eram negócios pessoais do príncipe, conforme maior ou menor confiança que inspirasse aos burgueses providos de fundos. Pior ainda: esses mútuos, segundo as doutrinas da época, constituíam obrigações do monarca devedor e não se transferiam a seus herdeiros ou sucessores. Estes pagariam, se quisessem fazê-lo, por magnanimidade ou por deferência à memória do antecessor, mas não eram vinculados pelo direito[71].

O advento do Estado Liberal trouxe uma nova realidade, pela qual o patrimônio do monarca passou a ser patrimônio público e a fonte de receitas públicas principal o tributo que significa uma parcela do patrimônio do cidadão. Nesse cenário, os empréstimos também passam a ser admitidos como ferramenta importante para a antecipação de receitas e financiamento de investimentos e despesas de longo prazo.

Influenciados pelas ideias keynesianas, os Estados passaram a usar indiscriminadamente a ferramenta do empréstimo, já que Keynes recomendava o aumento da dívida para que se mantivessem o pleno emprego e a

---

[69] FURTADO, J. R. Caldas. *Direito financeiro* cit., p. 396. Ver também: *"Crédito público é a faculdade que tem o Estado de, com base na confiança que inspira e nas vantagens que oferece, obter, mediante empréstimo, recursos de quem deles dispõe, assumindo, em contrapartida, a obrigação de restituí-los nos prazo e condições fixados"* (BALEEIRO, Aliomar. *Uma introdução à ciência das finanças* cit., p. 582).
[70] TORRES, Ricardo Lobo. *Curso de direito financeiro e tributário* cit., p. 215-216.
[71] BALEEIRO, Aliomar. *Uma introdução à ciência das finanças* cit., p. 584.

intervenção estatal na economia[72]. Com isso, virtualmente, todos os países enfrentaram um aumento vertiginoso em seus endividamentos, tendo como consequência as dificuldades enfrentadas, por exemplo, pela Inglaterra e pelo Brasil a partir da década de 1980, conforme descrito em nosso Capítulo 1 *supra*.

A resposta a isso foi a austeridade fiscal que estabelece rígidos limites ao endividamento público, dando os contornos jurídicos ao crédito público no Brasil atual, conforme veremos a seguir.

2.3.4 O crédito público na Constituição Federal de 1988

Diante do cenário mencionado e da definição de credito público, é fácil notar que os empréstimos públicos são uma realidade bastante presente no dia a dia dos cidadãos.

A nós estão recorrentemente disponíveis oportunidades de nos tornarmos credores da Administração Pública, por meio da aquisição, por exemplo, de títulos públicos, muitos deles comercializados ao público em geral por meio do programa denominado Tesouro Direto. O Tesouro Direto é um programa da Secretaria do Tesouro Nacional desenvolvido em parceria com a BM&F Bovespa para a venda de títulos públicos da Administração Pública Federal para pessoas físicas por meio da Internet.

A tomada de crédito pela Administração Pública no Brasil pode ser realizada sob diversas formas jurídicas que se iniciam na emissão de títulos, como é o caso do Tesouro Direto, passando pela celebração de contratos de mútuos com instituições financeiras nacionais (*e.g.*, Itaú, Bradesco ou outros bancos)[73], internacionais (*e.g.*, Bank of America-Merryl Linch)[74] e

---

[72] TORRES, Ricardo Lobo. *Curso de direito financeiro e tributário* cit., p. 215.

[73] Nesse ponto vale esclarecer que o Banco Central, por meio da Resolução 2.728, de 30 de março de 2001, regula a exposição das instituições financeiras nacionais ao setor público. Essa medida, ao mesmo tempo em que limita o risco das próprias instituições financeiras, impede que a Administração Pública capture instituições financeiras locais para a realização de interesses paroquiais. Assim, entendemos a restrição como salutar.

[74] Vale observar que a contratação de operações de crédito internacionais deve ser autorizada pelo Senado Federal, nos termos do art. 52, inc. V, da Constituição Federal. Recentemente o Senado Federal autorizou o Estado de Santa Catarina a contratar operação de crédito externo com o Bank of America, no valor total de até US$ 726.441.566,00 (setecentos e vinte e seis milhões, quatrocentos e quarenta e um mil, quinhentos e sessenta e seis dólares norte-americanos). Os recursos advindos da operação de crédito externo referida no *caput*

multilaterais (*e.g.*, Banco Mundial, Banco Interamericano de Desenvolvimento, Banco de Desenvolvimento da América Latina – CAF, entre outros).

É importante observar que todas essas formas de tomada de crédito público são consideradas operações de crédito, que, tanto nos termos do art. 28, inc. III, da Lei de Responsabilidade Fiscal, quanto do art. 3º, *caput*, da Resolução 43/2001 do Senado Federal, são os compromissos assumidos com credores situados no país ou no exterior, em razão de mútuo, abertura de crédito, emissão de aceite de título, aquisição financiada de bens, recebimento antecipado de valores provenientes da venda a termo de bens e serviços, arrendamento mercantil (*leasing*) e outras operações assemelhadas, inclusive com uso de derivativos financeiros.

Apenas para que não reste dúvida, vale esclarecer que o direito financeiro classifica como operações de crédito aquelas pelas quais a Administração Pública toma crédito e não aquelas pelas quais a Administração Pública o concede, como no caso do crédito rural e de outras linhas de financiamento que possuem tratamento próprio.

A definição abrangente de operações de crédito tem por objetivo capturar todos os negócios jurídicos realizados pela Administração Pública que gerarão o endividamento público, conforme veremos a seguir. Assim, os balizamentos constitucionais e legais colocados ao endividamento importarão necessariamente em restrições às operações de crédito – impedindo que se repita a realidade que descrevemos no Capítulo 1, com o uso de mecanismos transversais de endividamento por meio de bancos e demais empresas estatais.

Nos termos da Constituição Federal, a competência para a realização da operação de crédito será sempre do Poder Executivo de cada ente federado, desde que autorizado pelo Poder Legislativo, nos seguintes termos:

---

destinam-se ao Refinanciamento do Resíduo da Dívida do Estado de Santa Catarina – Lei 9.496, de 11 de setembro de 1997 (Resolução 64/2012 do Senado Federal). Como se pode ver, tais recursos foram contratados em condições mais favoráveis para o Estado de Santa Catarina do que o quanto avençado com a União Federal por meio da Lei Federal 9.496/1997, a lei que estabeleceu as condições para o refinanciamento da dívida dos Estados com a União Federal. No momento da contratação do empréstimo entre o Estado de Santa Catarina e o Bank of America, as condições macroeconômicas do Brasil permitiram a substituição da dívida com a União pela dívida com o banco internacional em condições vantajosas ao Estado. Nessa mesma toada, outros Estados, como o Maranhão (Resolução 607/2013 do Senado Federal) e o Mato Grosso (Resolução 32/2012 do Senado Federal), também substituíram a dívida com a União por dívidas com o Bank of America.

deverá constar autorização para contratação de operação de crédito na respectiva Lei Orçamentária Anual (art. 165, § 8º), sendo vedada a assunção de obrigações diretas que excedam os créditos orçamentários ou adicionais[75] (art. 167, inc. II). Isso significa que a contratação de empréstimos pelo Poder Executivo deve ser feita em perfeito respeito e aderência à Lei Orçamentária Anual ou lei específica que venha a alterá-la para a inclusão de crédito adicional (do que se denota o dever de o Poder Executivo somente agir após devida autorização legislativa).

Os balizamentos constitucionais às operações de crédito não terminam aí. A regra do art. 167, inc. III, veda a contratação de operações de crédito que excedam o montante das despesas de capital, ressalvadas as autorizadas mediante créditos suplementares ou especiais com finalidade precisa e aprovados pelo Poder Legislativo. Essa regra é chamada de *regra de ouro*, em função de sua importância para a matéria de créditos públicos.

Conforme já mencionamos, a tomada de crédito pela Administração Pública tem o efeito de antecipar recursos aos cofres públicos, os quais serão pagos a longo prazo, o que significa que as futuras gerações serão responsáveis pelo pagamento por uma decisão tomada no presente. Nesse sentido, Aliomar Baleeiro leciona:

> os empréstimos públicos sejam a técnica pela qual as gerações futuras partilham de despesas da atualidade. Os financistas, que comungam dessa opinião, classificam, então, o crédito público como processo de repartição de encargos governamentais no tempo, em contraste com a tributação, que divide os mesmos gravames apenas entre indivíduos e classes do presente[76].

---

[75] Por créditos adicionais entendam-se as autorizações de despesa não computadas ou insuficientemente dotadas na LOA, nos termos do art. 40 da Lei 4.320/1964. "O termo *adicionais* bem revela a natureza desses créditos: são autorizações concedidas pelo Poder Legislativo, para gastar recursos públicos previamente indicados e ainda não comprometidos no orçamento em execução (art. 167, V, da Constituição Federal; art. 43, § 1º, incisos I a IV, da Lei 4.320/64), que serão adicionadas, somadas, àquelas já contempladas na LOA, no decorrer da execução orçamentária, mediante a edição de lei específica (CF, 167, inciso V), ressalvada a faculdade de concessão de autorização para abertura de créditos adicionais na própria LOA (CF, art. 165, § 8º; Lei 4.320/64, art. 7º, I) e admitida a possibilidade de abertura de crédito extraordinário mediante a edição de medidas provisórias (CF, 167, § 3º)" (FURTADO, J. R. Caldas. *Direito financeiro* cit., p. 167).

[76] BALEEIRO, Aliomar. *Uma introdução à ciência das finanças* cit., p. 475.

Nesse cenário, seria indesejável permitir que os recursos provenientes das operações de crédito pudessem servir para o pagamento de despesas correntes. Conforme já definimos, as despesas correntes são aquelas realizadas com o pagamento de atividades cotidianas, com serviços que já existem e são prestados na atualidade pelo ente federado.

As despesas de capital, por sua vez, visam à criação de uma nova comodidade ou infraestrutura e à prestação de novos serviços. Desse modo, faz sentido que apenas as comodidades fruíveis pelas gerações futuras sejam objeto de custeio por elas.

Com esse fundamento, a Constituição Federal vedou, nos termos do art. 167, inc. III, supramencionado, a contratação de operações de crédito que excedam o montante das despesas de capital, diminuindo a possibilidade de que um determinado administrador público antecipe recursos para o uso em despesas correntes à custa das futuras gerações.

Veja que dissemos que a *regra de ouro* apenas diminui as possibilidades de que empréstimos sejam contraídos para o pagamento de despesas correntes, já que, de fato, a *regra de ouro* não proíbe esse expediente. Ora, de acordo com a regra, ente federado que tivesse um baixo endividamento, assim considerado aquele que não atingisse o montante das despesas de capital, poderia simplesmente contrair dívida, por meio de operação de crédito, para aplicar em *despesas correntes*.

Assim, a interpretação da regra de ouro não deve ser no sentido de que haveria vedação ao uso de recursos provenientes de operações de crédito no pagamento de despesas correntes, mas tão somente no estabelecimento de um limite que, de fato, forneça benefícios compatíveis com os ônus que serão suportados pelas gerações futuras com o pagamento da dívida.

Nesse sentido, vale menção à lição de Fernando Vernalha Guimarães, que explica:

> (...) não é possível extrair dessa regra [a regra de ouro] vedação a que despesas correntes sejam financiadas mediante operações de crédito e, com isso, sejam computadas para fins do controle de estoque da dívida. Da dicção literal do texto constitucional tira-se apenas vedação à realização de operações de crédito que excedam o montante de despesas de capital (...)[77].

---

[77] *Parceria* Público-Privada..., p. 280.

Além das vedações no próprio texto constitucional às operações de crédito, existem outras que decorrem da Constituição, mas que não estão nela expressas.

2.3.5 Os limites ao endividamento público

De acordo com o art. 52, inc. VII, da Constituição Federal, compete ao Senado Federal dispor sobre os limites globais e condições para as operações de crédito externo e interno da União, dos Estados, do Distrito Federal, de suas autarquias e demais entidades controladas pelo Poder Público federal.

Desse modo, a Constituição Federal manteve em seu texto as condições primordiais para a contratação das operações de crédito (competência do Poder Executivo, autorizada pelo Poder Legislativo) e a *regra de ouro*, permitindo ademais que o Senado Federal indicasse os parâmetros para a realização de operações de crédito, alterando-os sempre que a conjuntura fiscal e econômica do país assim requerer.

O art. 30, inc. I, da Lei de Responsabilidade Fiscal determinou ao Presidente da República a submissão de proposta de Resolução do Senado Federal que verse sobre os limites de endividamento público, na qual se incluem os limites para as operações de crédito. Assim, foram editadas as Resoluções 43/2001 e 48/2007, do Senado Federal, ambas dispondo sobre as *operações de crédito interno e externo*, concessão de garantias e matérias correlatas. A Resolução 43/2001 se aplica aos Estados, Distrito Federal e Municípios, enquanto que a Resolução 48/2007 se aplica apenas à União Federal.

No âmbito da Resolução 48/2007, as operações de crédito da União estão sujeitas aos seguintes balizamentos: (i) o montante global das operações de crédito realizadas em um exercício financeiro não poderá ser superior a 60% da Receita Corrente Líquida; e (ii) o montante da dívida consolidada não poderá exceder o teto estabelecido pelo Senado Federal, conforme disposto em resolução específica.

Nesse ponto, vale notar que essa resolução específica nunca foi editada pelo Senado Federal, deixando o endividamento da União sob a baliza apenas dos princípios que regem a Lei de Responsabilidade Fiscal. Inclusive, é com base na ausência dessa regra que se defende a validade do Projeto de Lei Orçamentária, para o ano de 2016, enviado ao Congresso Nacional pelo Poder Executivo Federal em 31 de agosto de 2016. De acordo com as inúmeras notícias divulgadas pela imprensa, o Projeto de Lei Orçamentária, para o ano de 2016, ou PLOA, teria veiculado déficit primário de R$ 35 bilhões.

Fato é que o PLOA enviado ao Congresso Nacional estimava as receitas da União para 2016 na casa de R$ 3 trilhões e, consequentemente, fixava as despesas em igual valor. Assim, formalmente, o PLOA não veicula desequilíbrio das contas públicas. Ora, mas de onde viria o déficit de R$ 35 bilhões que gerou tanto alarde? Vem do resultado primário.

O resultado primário, que é o saldo das contas públicas, indicou um déficit de R$ 35 bilhões, relativo aos valores a serem pagos a título de juros pela dívida pública. Assim, para que o PLOA atingisse o equilíbrio nas contas públicas, seria necessário que a União tomasse mais dívida com a finalidade de pagar juros. Esse exemplo, de recentíssima ocorrência, demonstra que a regra de ouro não tem o condão de afastar o endividamento para pagamento de despesas correntes, tendo em vista que os juros da dívida pública (não o principal) têm natureza de despesa corrente.

Dessa forma, a aplicação da *regra de ouro* não teria o condão de fulminar com inconstitucionalidade o PLOA e então evitar a concretização do expediente utilizado pelo Poder Executivo Federal.

Diante disso, o caminho para se evitar o evidente desequilíbrio material das contas públicas apresentado no PLOA seria recorrer aos limites de endividamento para a União, os quais, na letra da Resolução 48/2007, do Senado Federal, deveriam ter sido estabelecidos por meio de resolução específica. Resolução específica essa, que, conforme falamos *supra*, nunca foi editada.

Assim, o controle de legalidade do PLOA ficou demasiadamente prejudicado, restando apenas o controle com base nos princípios de responsabilidade e sustentabilidade fiscal[78].

Por sua vez, Estados, Distrito Federal e Municípios estão vinculados a limites específicos de acordo com o que dispõe a Resolução 43/2001. Tais entes apenas contratarão operações de crédito se: (i) o montante das operações de crédito realizadas em um exercício financeiro não poderá ser superior a 16% da Receita Corrente Líquida; (ii) o comprometimento

---

[78] Sobre o tema, vale a leitura do artigo de Melina Rocha Lukic e Leonardo Costa, publicado no *Estado de São Paulo*, sábado, 12 de setembro de 2015, página A2.

anual com amortizações, juros e demais encargos da dívida consolidada, inclusive relativos a valores a desembolsar de operações de crédito já contratadas e a contratar, não poderá exceder a 11,5% da Receita Corrente Líquida; e (iii) o montante da dívida consolidada não poderá exceder o teto estabelecido pelo Senado Federal, conforme disposto na Resolução que fixa o limite global para o montante da dívida consolidada dos Estados, do Distrito Federal e dos Municípios.

Algumas noções merecem ser retomadas para a interpretação apropriada dos limites já descritos.

A primeira delas é o de *receita corrente líquida*. Entende-se por *Receita Corrente Líquida* o somatório das receitas tributárias, de contribuições, patrimoniais, industriais, agropecuárias, de serviços, transferências correntes e outras receitas também correntes, deduzidas: (i) nos Estados, as parcelas entregues aos Municípios por determinação constitucional; nos Estados e nos Municípios, a contribuição dos servidores para o custeio do seu sistema de previdência e assistência social e as receitas provenientes da compensação financeira citada no § 9º do art. 201 da Constituição Federal. Assim definem as Resoluções 43/2001 e 48/2007 do Senado Federal (respectivos arts. 4º) e o art. 2º, inc. IV, da Lei de Responsabilidade Fiscal.

Outra noção que devemos ter em mente para interpretar as limitações às operações de crédito é a de dívida pública. Por meio das operações de crédito, a Administração Pública obtém recursos de maneira imediata em troca da assunção de compromissos de pagamento. Estes formam a dívida pública, que, por força da legislação brasileira, é dívida flutuante e dívida fundada ou consolidada, que trataremos a partir de agora apenas como dívida consolidada.

A dívida flutuante, nos termos do art. 92 da Lei 4.320/1964, compreende os restos a pagar (despesas empenhadas, mas não pagas até o dia 31 de dezembro[79]), os serviços da dívida a pagar (que são parcelas de dívida consolidada que por alguma razão não foram pagas ao longo do exercício anterior)[80], os depósitos (tais como os depósitos para garantia de recursos em sede administrativa ou judicial)[81] e os débitos de tesouraria (que

---

[79] Art. 36 da Lei 4.320/1964.
[80] FURTADO, J. R. Caldas. *Direito financeiro* cit., p. 399, nota 5.
[81] Os depósitos são ingressos não receitas e, por essa razão, devem ser contabilizados também como dívidas.

se referem às operações de crédito por antecipação de receita orçamentária – ARO).

Uma característica comum a todos os componentes da dívida flutuante é o fato de que o pagamento deles independe de empenho, seja porque já foram empenhadas em exercícios anteriores (restos a pagar e serviço da dívida a pagar), seja porque as operações não transitam pelo orçamento (depósitos e os débitos de tesouraria), por se tratar de meras operações contábeis. Isso significa que o pagamento dessas dívidas independe de autorização orçamentária específica, seja porque ela já aconteceu em ano anterior ou porque a natureza da dívida impõe que ela seja liquidada e paga dentro do mesmo exercício fiscal. Desse modo, a dívida flutuante é aquela que deverá ser paga em um intervalo máximo de 12 meses.

A dívida consolidada, tratada pela Lei 4.320/1964 como dívida fundada, compreende os compromissos de exigibilidade superior a 12 meses, contraídos para atender a desequilíbrio orçamentário ou a financiamento de serviços públicos (art. 98). A Lei de Responsabilidade Fiscal, acompanhada pela Resolução 43/2001, deu novos contornos à consolidada, mantendo, entretanto, o núcleo já veiculado pela Lei 4.320/1964. Assim, entende-se atualmente por dívida consolidada o montante total, apurado sem duplicidade, das obrigações financeiras de ente da Federação, assumidas em virtude de leis, contratos, convênios ou tratados e da realização de operações de crédito, para amortização em prazo superior a 12 meses (art. 29, inc. I, da Lei de Responsabilidade Fiscal).

Também integram a dívida consolidada: as operações de crédito de prazo inferior a 12 meses cujas receitas tenham constado do orçamento (art. 29, § 3º, da Lei de Responsabilidade Fiscal) e as obrigações decorrentes da emissão de títulos (dívida mobiliária), inclusive, no caso da União, a relativa à emissão de títulos de responsabilidade do Banco Central do Brasil (art. 2º, inc. III, da Resolução 43/2001, do Senado Federal, e art. 29, § 2º, da Lei de Responsabilidade Fiscal).

A dívida consolidada é, assim, essencialmente, a dívida decorrente das receitas de operações de crédito (com exceção das operações por Antecipação de Receita Orçamentária – ARO), cujo prazo para pagamento excede um exercício fiscal. Outra característica essencial da dívida consolidada é que, por se tratar da dívida contraída essencialmente por meio de operações de crédito, ela deveria ser feita para a realização de investimentos. Como vimos, no entanto, a *Regra de Ouro* não é suficiente para que evitar que as operações de crédito tenham por objeto arrecadar recursos para despesas correntes e não só despesas de capital[82].

Por suas características, o controle do endividamento é feito de diferentes formas para a dívida flutuante e a dívida consolidada. No primeiro caso, o Administrador Público estará sujeito a regras que visam disciplinar as hipóteses em que, *exempli gratia,* o Administrador Público poderá deixar Restos a Pagar (art. 42 da Lei de Responsabilidade Fiscal) e na imposição de limites à realização das operações por Antecipação de Receita Orçamentária – ARO (art. 38 da Lei de Responsabilidade Fiscal).

Nesse ponto, vale checar o posicionamento de César A. Guimarães Pereira, que se posiciona no sentido de que:

> mecanismos [acima descritos] basicamente dirigem-se ao controle da dívida fundada (relacionada com investimentos de prazo mais longo). A dívida não fundada (flutuante), como a que se refere ao atraso do pagamento de fornecedores ou servidores, dificilmente é controlável pela União. Seu controle, por outro lado, é feito de modo indireto, através da contenção das fontes de receita que dão base a esse endividamento informal. A LRF segue, nesse sentido, reforçando as limitações de acesso a operações de antecipação de receita orçamentária (ARO) – art. 38[83].

Ao contrário do controle da dívida flutuante que se faz pela imposição de limites aos meios de sua contração, os limites à dívida consolidada dos Estados, Distrito Federal e Municípios estão claramente na Resolução 40 do Senado Federal[84]. Seu art. 3º disciplina que a dívida consolidada líquida dos Estados, do Distrito Federal e dos Municípios, ao final do décimo

---

[82] FURTADO, J. R. Caldas. *Direito financeiro* cit., p. 402.
[83] PEREIRA, César A. Guimarães. O endividamento público na Lei de Responsabilidade Fiscal. *Revista Diálogo Jurídico,* n. 10, Salvador, jan. 2002. Disponível em: <direitopublico.com.br>.
[84] A Resolução 40/2001 do Senado Federal também estabelece limites para a dívida mobiliária, que é espécie da dívida consolidada, e decorre da emissão de títulos da dívida pública. No entanto, o ponto principal de atenção de nosso trabalho é o impacto do endividamento público que as parcerias público-privadas podem causar, de modo que o aprofundamento no contexto dos limites à dívida mobiliária nos pareceu estranho a tal propósito. Sem prejuízo, um aprofundamento adequado sobre o tema pode ser alcançado com a leitura de FURTADO, J. R., Caldas. *Direito financeiro* cit., p. 406-408; e OLIVEIRA, Regis Fernandes de,*Curso de Direito Financeiro,* cit. p. 307..

quinto exercício financeiro contado a partir do encerramento do ano de publicação dessa Resolução, não poderá exceder, respectivamente, a: (i) no caso dos Estados e do Distrito Federal: 2 (duas) vezes a Receita Corrente Líquida; e (ii) no caso dos Municípios: a 1,2 (um inteiro e dois décimos) vezes a Receita Corrente Líquida[85].

Por dívida consolidada líquida entende-se a dívida consolidada, deduzidas as disponibilidades de caixa dos entes, as aplicações financeiras e os demais haveres financeiros (art. 1º, § 1º, inc. V, da Resolução 40/2001 do Senado Federal).

Dado esse cenário, o teste a ser feito para que um ente federado possa realizar operações de crédito envolve a superação das seguintes etapas:

(i) o montante das operações de crédito realizadas em um exercício financeiro é inferior a 16% da Receita Corrente Líquida daquele mesmo exercício financeiro? Em caso de resposta positiva, teremos superado a primeira etapa do teste. Em caso de resposta negativa, o ente federado, no caso, Estado, Município ou Distrito Federal, estará impossibilitado de contrair dívida;

(ii) o comprometimento anual com amortizações, juros e demais encargos da dívida consolidada, inclusive relativos a valores a desembolsar de operações de crédito já contratadas e a contratar, é inferior a 11,5% da receita corrente líquida daquele exercício? Em caso de resposta positiva, teremos superado a segunda etapa do teste. Em caso de resposta negativa, o ente federado, no caso, Estado, Município ou Distrito Federal, estará impossibilitado de contrair dívida;

(iii) o montante da dívida consolidada líquida é inferior a 2 (duas) vezes a receita corrente líquida dos Estados e do Distrito Federal; e (ii), no caso dos Municípios, a 1,2 (um inteiro e dois décimos) vez a receita corrente líquida? Em caso de resposta positiva, teremos superado a terceira e última etapa do teste. Em caso de resposta negativa,

---

[85] Com relação à vigência da regra, como a resolução é de 2001, ela teria eficácia plena a partir de 2016. No entanto, a Resolução 20/2003 do Senado Federal prorrogou o prazo para o cumprimento dos limites da dívida consolidada por mais quatro quadrimestres.

o ente federado, no caso, Estado, Município ou Distrito Federal, estará impossibilitado de contrair dívida.

Caso o ente federado ultrapasse os limites impostos pela legislação pertinente, ficará inicialmente impossibilitado de contrair dívida e deverá obedecer aos procedimentos para recondução da dívida aos limites estabelecidos na legislação, nos termos do art. 31 da Lei de Responsabilidade Fiscal. O ente que desobedecer aos passos para a recondução da dívida ficará também impossibilitado de receber transferências voluntárias, nos termos dos arts. 25, § 3º, e 31, § 2º, da Lei de Responsabilidade Fiscal.

Por meio do panorama dado, podemos identificar o rigor das medidas de controle fiscal. Tais regras, de relevância e importância inquestionáveis, limitam a atuação dos administradores públicos, sobretudo na realização de investimentos pelos entes federados, já que a ampliação da dívida consolidada, essencialmente destinada a para investimentos públicos, está seriamente limitada pelas regras supraexpostas.

Essa constatação poderia levar à crítica das medidas de responsabilidade e austeridade fiscal, bem como às despesas obrigatórias, tais como aquelas com saúde e educação. Não são poucos os discursos políticos em que se culpa o "arrocho fiscal" pela ausência de investimentos em determinados exercícios.

Quer nos parecer, no entanto, que as regras de austeridade e responsabilidade fiscal são salutares, já que Estados e Municípios têm uma tendência maior ao descuido das contas públicas, pois cabe à União o papel estabilizador da economia no Brasil.

Nesse contexto, ainda que implique algumas privações, é natural haver um estágio de ajustes nas contas para que a Administração Pública possa cumprir suas funções de maneira mais adequada e ordenada dali em diante. O equilíbrio das contas públicas significa também que a Administração Pública terá melhores condições de capitar recursos no mercado de crédito, ou seja, os títulos públicos serão comercializados mais facilmente, pagando juros mais adequados, pois o risco de não pagamento estará devidamente mitigado pela demonstração de um comportamento fiscal adequado.

Isso implica dizer que, se o país tiver o grau de investimento dado pelas agências de risco ou, ainda, notas mais altas que o patamar mínimo de grau de investimento, os juros pagos, não só aos títulos emitidos, mas também nos empréstimos bilaterais, serão mais baixos, de modo que as receitas públicas poderão ser alocadas mais em investimentos e menos no pagamento da dívida, no caso da União[86].

Quando se fala nos demais entes federados, a lógica é a mesma, não se falando em grau de investimento, mas em bons *ratings* para a administração direta e indireta. Empresas estatais dependentes também podem captar recursos no mercado, mas seu endividamento deve obedecer aos níveis já apontados – o que não é o caso das empresas estatais não dependentes, cujo endividamento não se comunica com o endividamento público[87].

2.4 A natureza das despesas com PPPs

Feito esse alinhamento de conceitos de natureza de direito financeiro-orçamentário, caberá a nós analisar como as despesas com as PPPs podem ser classificadas e qual o impacto dessa classificação para fins de consideração das PPPs enquanto endividamento.

Alguns autores entendem que as PPPs são verdadeiras dívidas assumidas pela Administração Pública, equiparando-as às operações de crédito. Esse entendimento se baseia no fato de que por meio das PPPs se recebe um bem pelo qual se pagará em prestações durante o prazo contratual de até 35 anos. Com todo respeito, esse raciocínio é uma simplificação exagerada do que se trata um contrato de PPP, que possui características bastante diversas das operações de crédito, conforme buscaremos demonstrar no próximo capítulo.

Por esse entendimento, com o qual não concordamos, repita-se, quaisquer PPPs implicariam imediatamente endividamento, já que a dívida consolidada, que serve de parâmetro para o cálculo dos limites de endividamento para Estados, Distrito Federal e Municípios, é o montante total, apurado sem duplicidade, das obrigações financeiras do ente da Federação, assumidas em virtude de leis, contratos, convênios ou tratados e da

---

[86] "Países como a Inglaterra, Holanda e, posteriormente, os Estados Unidos sacam os empréstimos nas praças financeiras mais fortes, pagam-nos com pontualidade, obtêm juros menores e conseguem se desenvolver rapidamente. Nações em que o patrimonialismo era mais arraigado, como Brasil, Portugal e Espanha, encontram dificuldades em administrar a dívida pública e se valer dos empréstimos como antecipação de receita" (TORRES, Ricardo Lobo. *Curso de direito financeiro e tributário* cit., p. 215).

[87] Trataremos das empresas estatais não dependentes no Capítulo 5, no contexto das PPPs.

realização de *operações de crédito*, para amortização em prazo superior a 12 meses (art. 29, inc. I, da Lei de Responsabilidade Fiscal).

O afastamento da hipótese de que toda PPP deve ser assemelhada a uma operação de crédito e a discussão dos critérios que implicarão a necessidade de cômputo de certas despesas das PPPs nos limites de endividamento serão feitos no capítulo seguinte.

No entanto, resta a questão quanto à natureza da despesa pública com as PPPs, à luz da classificação da Lei 4.320/1964. Conforme vimos *supra*, o art. 12 da Lei 4.320/1964 classifica a despesa pública em despesas correntes e despesas de capital.

As despesas correntes são usualmente aquelas geradas para a manutenção da prestação das atividades públicas, bem como a conservação e o funcionamento dos bens públicos existentes. Isso porque as duas espécies apontadas pela Lei 4.320/1964 como despesas correntes (despesas de custeio e transferências correntes) possuem essencialmente a finalidade de fazer frente a custos originários de serviços e operações.

As despesas de capital, por sua vez, são as destinadas à execução de obras para a consequente instalação de novos bens públicos, bem como a expansão da prestação de atividades e serviços públicos e o emprego de recursos públicos em novos empreendimentos integralmente estatais ou em parceria com a iniciativa privada.

Vale notar que as despesas correntes usualmente não impactam o endividamento público, já que, em regra, são decorrentes de obrigações de curto prazo, cujos pagamentos são efetuados em parcelas no curso da execução contratual[88]. O surgimento das PPPs trouxe um novo tipo de contrato que gerou dúvidas na aplicação dos conceitos tradicionais de endividamento[89].

Assim, conforme veremos no próximo capítulo, a identificação da natureza jurídica das despesas com PPPs não será fator determinante na contabilização dessas despesas para fins de cálculo do endividamento de determinado ente. A escolha feita pela Secretaria do Tesouro Nacional,

---

[88] Nesse sentido, ACERETE, Basilio. *El complejo proceso...*, p. 79.
[89] De acordo com Felipe Starling, "Até a chegada das PPPs, a dívida pública era reflexo tão somente das operações de crédito realizadas, não envolvendo qualquer contrato de prestação de serviços. Este cenário começará a sofrer algumas modificações com o registro dos contratos de PPPs" (Limites à contratualização das PPPs: aspectos contábeis do modelo brasileiro. *As parcerias na Administração Pública*: o avanço das PPPs no Estado de Minas Gerais, p. 3).

no exercício da competência a ela atribuída, por meio do art. 25 da Lei de PPPs, foi no sentido da verificação da alocação dos riscos no contrato de PPP. Assim, a natureza jurídica da despesa com as PPPs não terá essa função de ajudar o intérprete a desvendar quando a PPP será considerada *on-balance* (impactando nos limites de endividamento) ou *off-balance* (sem impacto nos limites de endividamento, conforme explicamos no Capítulo 1 deste trabalho).

Sem prejuízo dessa constatação, a identificação da natureza jurídica dos gastos com as PPPs é relevante para fins, ao menos, de controle social do orçamento público. Como vimos, a peça orçamentária é fundamental para garantir o equilíbrio e a transparência dos gastos públicos. A transparência é, inclusive, um pressuposto da responsabilidade fiscal instaurada de maneira obrigatória pela Lei de Responsabilidade Fiscal. Vejamos os termos de seu art. 1º, § 1º:

> § 1º A responsabilidade na gestão fiscal pressupõe a ação planejada e transparente, em que se previnem riscos e corrigem desvios capazes de afetar o equilíbrio das contas públicas, mediante o cumprimento de metas de resultados entre receitas e despesas e a obediência a limites e condições no que tange a renúncia de receita, geração de despesas com pessoal, da seguridade social e outras, dívidas consolidada e mobiliária, operações de crédito, inclusive por antecipação de receita, concessão de garantia e inscrição em Restos a Pagar.

Dessa forma, a identificação da natureza das despesas públicas com PPPs na peça orçamentária auxiliará no controle social da despesa pública. Nesse ponto, concordamos com Maurício Portugal Ribeiro e Lucas Navarro Prado, ao indicarem a importância de tal classificação:

> (...) a classificação em despesa "corrente" ou "de capital" não deve ser tratada como irrelevante. Há implicações a partir dessa classificação que, embora não relacionadas ao problema do endividamento do setor público, apresentam grande importância.
>
> Primeiramente, vale notar que uma das funções da contabilidade pública é transmitir à sociedade, de forma transparente, uma espécie de fotografia da gestão de um dado governo. Ao compararmos

"fotografias" em períodos distintos, é possível realizar avaliações, quantitativas e qualitativas, desse período de gestão[90].

Delineada sua importância, devemos fazer uma advertência no sentido de que não há instrumento normativo que trate da classificação das despesas com PPPs à luz das espécies delineadas pelo art. 12 da Lei 4.320/1964, já que a Portaria STN 614 se eximiu do tratamento dessa questão em particular.

Dessa forma, a maneira mais adequada de se classificar a despesa em corrente e de capital seria por meio da identificação da finalidade do desembolso público. A parcela da contraprestação destinada ao pagamento pelos serviços executados pelo parceiro privado será, por consequência, classificada como despesa corrente e a parcela destinada ao pagamento da obra ou do bem será classificada como despesa de capital.

Esse é o entendimento dominante da doutrina que se ateve à análise do tema[91]. Fernando Vernalha Guimarães esclarece que:

> o esquema contábil da PPP deve ser pensado a partir das peculiaridades da concessão patrocinada e da concessão administrativa. Para esta, a depender da configuração financeira que assuma no caso concreto, a segregação dentre despesa corrente e despesa de capital pode ser destituída de complexidade. Figure-se a hipótese de uma concessão administrativa para realização de obra e de prestação de serviços integralmente custeada pela Administração Pública. Nesse caso, parece simples alcançar certa precisão no cômputo das despesas de custeio (como pagamentos pelos serviços executados) e de despesas de capital (como pagamento pela execução da infraestrutura)[92].

O autor supracitado elege como exemplo uma concessão administrativa e entende que nas "concessões patrocinadas, na medida em que envolvem tarifas pagas pelos usuários e contraprestação pecuniária do parceiro

---

[90] RIBEIRO, Maurício Portugal; PRADO, Lucas Navarro. *Comentários à Lei de PPPs* cit., p. 415-416.
[91] Idem, p. 417.
[92] GUIMARÃES, Fernando Vernalha. *Parceria* cit., p. 282.

público (...)"[93], a segregação das despesas em despesas de capital e correntes poderá ser mais complexa. Assiste razão ao autor no fato de que a modelagem financeira de cada projeto dará a espinha dorsal para a identificação da natureza de despesas.

De qualquer modo, a própria Secretaria do Tesouro Nacional, órgão competente para a consolidação dos procedimentos para apresentação das contas públicas, acolhe a sistemática da segregação das despesas de PPPs em despesas de capital e despesas correntes, em função da finalidade do pagamento da contraprestação. Essa conclusão é obtida pela análise do *Manual de Contabilidade Aplicada ao Poder Público*, que vem sofrendo modificações anuais e, atualmente, encontra-se na 6ª edição[94].

De acordo com esse *Manual*, "a contabilização das PPPs deve possibilitar a distinção entre os passivos relativos ao ativo da concessão e os passivos relativos à prestação dos serviços"[95] – vale notar que o próprio *Manual* faz uma advertência com relação à diversidade de critérios para a contabilização das PPPs (no que se aplicam as práticas e princípios de contabilidade pública) e para a consideração dos impactos fiscais da PPP (os quais serão objeto de análise do próximo capítulo e são regidos atualmente pela Portaria STN 614).

Em linha com a diretriz geral de contabilização dada pelo *Manual*, conforme excerto *supra*, "as classificações orçamentárias relacionadas às PPPs guardam relação com a finalidade da despesa".

Nesse sentido, como regra geral, "as parcelas das contraprestações referentes às despesas decorrentes da incorporação de bens de capital devem ser classificadas orçamentariamente como **despesas de capital decorrentes de contrato de PPP, exceto subvenções econômicas, aporte e fundo garantidor**". As exceções mencionadas têm razão de ser na classificação de outras despesas decorrentes de PPPs, conforme veremos a seguir.

Essa regra determina, assim, em linha com o que traçamos *supra*, que as despesas destinadas ao pagamento dos bens das PPPs, em geral, serão

---

[93] Idem, ibidem.
[94] Disponível em: <http://www.tesouro.fazenda.gov.br/documents/10180/456785/CPU_MCASP+6%C2%AA%20edi%C3%A7%C3%A3o_Republ2/fa1ee713-2fd3-4f51-8182-a542ce123773>.
[95] *Manual de contabilidade aplicada ao Poder Público*. 2. ed. p. 206. Disponível em: <http://www3.tesouro.gov.br/legislacao/download/contabilidade/Volume_III_Procedimentos_Contabeis_Especificos.pdf>.

classificadas como despesas de capital, seguindo a lógica proposta na classificação dada pela Lei 4.320/1964.

Com relação às despesas de custeio dos serviços das PPPs, o raciocínio reflexo é válido, ou seja, a parcela da contraprestação destinada a pagar pelos serviços prestados pelo parceiro privado será classificada como despesas correntes. No entanto, o *Manual* faz algumas distinções entre as espécies de despesas correntes, em vista de se tratar de concessão patrocinada ou concessão administrativa.

No entendimento da Secretaria do Tesouro Nacional, expresso pelo *Manual*, a contraprestação em concessões patrocinadas é, na essência, uma ajuda financeira ao parceiro privado. Essa redação vem expressa no *Manual* desde a sua segunda edição, que trazia mais detalhes acerca do entendimento, no seguinte sentido: "Nos contratos de PPP, a despesa orçamentária nas concessões patrocinadas em geral é corrente de equalização de preços e taxas, já que na essência a contraprestação do parceiro público é considerada ajuda financeira"[96].

Em razão dessas características, o *Manual* determina que as despesas pela prestação dos serviços em concessões patrocinadas devem ser classificadas como **despesas correntes com subvenções econômicas**. A subvenção, conforme já apontamos, é uma das espécies de despesas correntes, nos termos do art. 12, § 2º, da Lei 4.320/1964. A subvenção pode ainda ser classificada como: (i) subvenções sociais, que são as que se destinam a instituições públicas ou privadas de caráter assistencial ou cultural sem finalidade lucrativa e (ii) subvenções econômicas, sendo aquelas que se destinam a empresas públicas de caráter industrial e social (art. 12, § 3º, incs. I e II, da Lei 4.320/1964). Os arts. 58 a 61 do Decreto 93.872/1986 também tratam sobre o tema e no mesmo sentido, naquilo do que nos limitamos a expor.

Nos termos do art. 61, § 2º, "a", do Decreto 93.872/1986, a subvenção econômica pode ser concedida para subsidiar a diferença entre os preços de mercado e o preço de revenda, pelo governo, de gêneros alimentícios ou de outros materiais. Assim, parece ter sido com base em tal previsão e com fundamento no fato de que a contraprestação paga pelos serviços prestados pelo parceiro privado no âmbito da concessão patrocinada tem

---

[96] *Manual de contabilidade aplicada ao Poder Público*. 2. ed. p. 35. Disponível em: <http://www3.tesouro.gov.br/legislacao/download/contabilidade/Volume_III_Procedimentos_Contabeis_Especificos.pdf>.

por intuito reduzir a tarifa cobrada do usuário que a Secretaria do Tesouro Nacional identificou a natureza de tal despesa.

Sem termos a pretensão de examinar o assunto com maior detalhe, o que pode ser feito pela leitura de obras importantes, inclusive recentes, que tratam do tema[97], vale notar que as subvenções no Brasil são um dos instrumentos de realização da atividade administrativa de fomento. De acordo com o professor Silvio Luís Ferreira da Rocha, a atividade de fomento tem por propósito "alcançar finalidades de interesse público relacionadas com a satisfação das necessidades coletivas". E assim continua o autor:

> [na atividade de fomento] contudo, a Administração não procura alcançar direta e imediatamente tais fins, mas que esses fins sejam satisfeitos por particulares, mediante a proteção e a promoção dessas atividades com o emprego de diferentes meios, excluída qualquer forma de intervenção coativa[98].

Assim, ao se considerar as despesas pela prestação dos serviços em concessões patrocinadas como despesas correntes com subvenções econômicas, por via reflexa, está-se considerando que uma PPP pode ser corolário do exercício, pela Administração Pública de mais de uma atividade administrativa, que pode ser, por exemplo, a prestação de um serviço público e o fomento de uma empresa privada prestadora de serviços públicos em regime de concessão, no caso o parceiro privado da PPP.

Vale lembrar que, para a consignação de subvenção econômica, na lei orçamentária, a Administração Pública deverá estar autorizada a tanto por lei específica. Isso por força do art. 19 da Lei 4.320/1964. No caso das PPPs, a lei específica seria a própria Lei de PPPs, que prevê o sistema de contraprestação nas concessões patrocinadas, em seu art. 2º, § 1º.

Dado esse panorama geral, nosso entendimento é de que a classificação das despesas pela prestação dos serviços em concessões patrocinadas como despesas correntes com subvenções econômicas é, no todo, aderente ao direito administrativo e financeiro-orçamentário vigentes.

---

[97] Ver OLIVEIRA, Regis Fernandes de. *Curso de direito financeiro* cit., p. 369-379; VALIM, Rafael. *Subvenção no direito brasileiro*. São Paulo: Contracorrente, 2015.
[98] *Manual de contabilidade aplicada ao Poder Público*. 2. ed. p. 580. Disponível em: <http://www3.tesouro.gov.br/legislacao/download/contabilidade/Volume_III_Procedimentos_Contabeis_Especificos.pdf>.

Com relação às concessões administrativas, a questão foi enfrentada de forma mais direta e simples. Como não há tarifas e, portanto, não há necessidade de adequar seus preços ao usuário, as

> parcelas das contraprestações referentes à remuneração do parceiro privado pela prestação dos serviços em concessões administrativas são decorrentes dos serviços prestados diretamente ou indiretamente ao parceiro público. Dessa forma, devem ser classificadas orçamentariamente como despesas decorrentes de contrato de PPP, **exceto subvenções econômicas, aporte e fundo garantidor**[99].

O excerto mencionado, que veicula a redação do *Manual*, nos parece bastante claro e aderente à realidade das concessões administrativas.

Ora, se o tomador dos serviços da concessão administrativa é a Administração Pública, de forma direta ou indireta, nos termos de sua definição pelo art. 2º, § 2º, da Lei de PPPs, nos parece de todo correto que a despesa seja classificada como corrente (custeio dos serviços), decorrente de contrato com a Administração Pública.

Feitas essas considerações, entendemos cumprida a tarefa de identificarmos a natureza das contraprestações públicas, que serão sempre despesas de capital, quando tiverem por objetivo a incorporação de bens de capital à PPP. Serão despesas correntes, tanto nas concessões patrocinadas quanto nas concessões administrativas, quanto tiverem por objetivo o pagamento dos serviços prestados. Serão da espécie subvenções econômicas, nas concessões patrocinadas, por terem por função a redução das tarifas aos usuários, e serão decorrentes de contratos celebrados com a Administração Pública, nas concessões administrativas, nas quais a própria Administração Pública é a usuária dos serviços direta ou indiretamente.

Ocorre que as PPPs podem prever um outro tipo de despesa, o *aporte de recursos*. Essa figura jurídica foi inicialmente criada pela Medida Provisória 575, de 2012, que foi convertida na Lei 12.766/2012, e merecerá nossa atenção no Capítulo 5 deste trabalho. Sem prejuízo, para que a questão da natureza dessa despesa com PPPs seja também tratada, faremos uma

---

[99] *Manual de contabilidade aplicada ao Poder Público*. 2. ed. p. 208. Disponível em: <http://www3.tesouro.gov.br/legislacao/download/contabilidade/Volume_III_Procedimentos_Contabeis_Especificos.pdf>.

breve apresentação da figura jurídica e sua classificação enquanto despesa orçamentária.

De acordo com o art. 6º, § 2º, da Lei de PPPs, o contrato de PPP poderá prever o aporte de recursos em favor do parceiro privado para a realização de obras e aquisição de bens reversíveis, desde que autorizado no edital de licitação, se contratos novos, ou em lei específica, se contratos celebrados até 8 de agosto de 2012. Trata-se, assim, de hipótese de realização de dispêndio público com PPPs, em exceção à regra geral do art. 7º da Lei de PPPs, que determina que a contraprestação da Administração Pública será obrigatoriamente precedida da disponibilização do serviço objeto do contrato de PPP.

A hipótese de aplicação da figura do aporte de recursos, nos termos do próprio art. 6º, § 2º, da Lei de PPPs, é restrita ao emprego desses recursos, pelo parceiro privado, em bens reversíveis, entendidos como aqueles, grosso modo, essenciais à prestação dos serviços públicos – vale relembrar que trataremos do tema com maior detença no capítulo 5 deste trabalho.

Em função dessa característica, a identidade dessas despesas com as despesas de capital é extremamente evidente. Dessa forma, o *Manual* considera que "os aportes de recursos destinados a obras e aquisição de bens reversíveis devem ser classificados orçamentariamente como **despesas de capital com aporte de recursos pelo parceiro público em favor do parceiro privado decorrente de contrato de PPP**"[100].

A última categoria de despesa pública com PPPs mencionada pelo *Manual* é a despesa com a instituição de fundos garantidores de PPPs. Esses fundos têm a função de servir de colchão de recursos para pagamento da contraprestação, aporte e demais indenizações, no caso de inadimplemento pela Administração Pública. A constituição de garantia, que representa segurança insubstituível para o parceiro privado, está autorizada pela sistemática da Lei de PPPs e, especialmente, por seu art. 8º[101].

De acordo com a sistemática proposta pela Lei de PPPs, as garantias poderão ser concedidas por meio de (i) vinculação de receitas, observado

---

[100] *Manual de contabilidade aplicada ao Poder Público*. 2. ed. p. 208. Disponível em: <http://www3.tesouro.gov.br/legislacao/download/contabilidade/Volume_III_Procedimentos_Contabeis_Especificos.pdf>.

[101] O tema deste trabalho não é a discussão da importância das garantias. No entanto, a leitura sobre o tema é fundamental para a compreensão de toda dinâmica das PPPs. Além dos manuais sobre PPPs, vale a pena conferir: ENEI, José Virgilio Lopes. *Project Finance* cit., p. 328 e ss.

o disposto no art. 167, inc. IV, da Constituição Federal; (ii) instituição ou utilização de fundos especiais previstos em lei; (iii) contratação de seguro-garantia com companhias seguradoras que não sejam controladas pelo Poder Público; (iv) garantia prestada por organismo internacional ou instituições financeiras que não sejam controladas pelo Poder Público; (v) garantias prestadas por fundo garantidor ou empresa estatal criada para essa finalidade; e (vi) outros mecanismos previstos em lei.

Da leitura do rol (não exaustivo, pois há possibilidade de criação de outros meios de garantia por lei posterior), vê-se que a efetiva criação de despesa com a garantia somente ocorreria por meio do desembolso da Administração Pública em uma das modalidades *supra*. A vinculação de receitas não exige desembolso imediato, tampouco a criação de fundos especiais, ou fundos orçamentários, os quais são verdadeiras contas-correntes que segregam recursos públicos para determinada finalidade. A contratação de garantia seria classificada, com muita clareza, como uma despesa corrente decorrente de contrato da Administração Pública. A utilização de soluções propostas por organismos multilaterais também não geraria, *a priori*, desembolso de recursos públicos.

A novidade, do ponto de vista orçamentário, é justamente a prestação de garantias por meio de fundos ou empresas garantidoras. Veja-se que os fundos garantidores podem ser compostos de bens públicos passíveis de afetação para tal finalidade, caso em que não terão qualquer impacto no orçamento. No entanto, quando houver desembolso de recursos públicos para capitalização ou aporte desses fundos garantidores, surgirá uma despesa, a qual deverá ser classificada para fins de contabilização pública.

Assim, recorrendo ao *Manual*, identifica-se que:

> quando o aporte [no fundo, não se confundindo com a figura do aporte de recursos] ocorrer por meio de recursos financeiros, deverá ser classificado orçamentariamente como **despesas decorrentes de participação em fundos, organismos, ou entidades assemelhadas, nacionais e internacionais, inclusive as decorrentes de integralização de cotas**[102].

---

[102] *Manual de contabilidade aplicada ao Poder Público*. 2. ed. p. 209. Disponível em: <http://www3.tesouro.gov.br/legislacao/download/contabilidade/Volume_III_Procedimentos_Contabeis_Especificos.pdf>.

Trata-se, assim, de uma despesa corrente, com a finalidade específica de aportar recursos em fundos garantidores em PPPs.

Com esse esclarecimento, fomos capazes de abordar, do ponto de vista de contabilização como despesas de capital ou despesas correntes, todas aquelas despesas com PPPs, restando solucionada a hipótese da natureza dos gastos públicos para fins da peça orçamentária.

As questões que ainda não estão respondidas é se as despesas com PPPs devem impactar o endividamento público ou se devem ser tratadas como despesas de caráter continuado, nos termos da Lei de Responsabilidade Fiscal. Nessa esteira, passemos a tais análises, que serão feitas nos próximos capítulos deste trabalho.

3. PPPs E OPERAÇÕES DE CRÉDITO

3.1 Introdução

Como vimos no capítulo anterior, o surgimento das PPPs trouxe dúvidas com relação à contabilização das despesas públicas decorrentes dessa nova modalidade de contrato. A solução dessas dúvidas coube à Secretaria do Tesouro Nacional, por força do art. 25 da Lei de PPPs, que impõe a tal secretaria o dever de estabelecer as normas gerais relativas à consolidação das contas públicas aplicáveis aos contratos de PPPs.

Assim, vimos que a Secretaria do Tesouro Nacional vem disciplinando, nas edições do *Manual de Contabilidade Aplicada ao Setor Público*, a forma de classificação das despesas com PPPs, para fins orçamentários e, como vimos, a proposta de tal secretaria está bastante aderente à natureza jurídica das despesas com PPPs, à luz, sobretudo, da classificação tradicionalmente imposta pela Lei 4.320/1964.

De qualquer forma, a questão que se apresenta mais relevante aos entes federados (com exceção da União, que, como vimos no capítulo anterior, não teve o limite de endividamento fixado pelo Senado Federal), em termos de responsabilidade fiscal, é a disciplina do impacto das PPPs no endividamento público.

Uma linha seria considerar as PPPs como modalidade de operação de crédito, com os consequentes impactos na dívida consolidada. Como vimos, a dívida consolidada é o montante total, apurado sem duplicidade, das obrigações financeiras do ente da Federação, assumidas em virtude de leis, contratos, convênios ou tratados e *da realização de operações de crédito*, para amortização em prazo superior a doze meses (art. 29, inc. I, da Lei de Responsabilidade Fiscal).

Nessa linha, as PPPs, por se tratarem de contratos de longo prazo em que o bem é antecipado pelo parceiro privado que, por sua vez, recebe sua remuneração em prestações de até 35 anos da Administração Pública, poderiam ser assemelhadas a contratos de mútuo, que são uma modalidade de operação de crédito. Na abrangente definição do art. 29, inc. III, da Lei de Responsabilidade Fiscal, as operações de crédito são compromissos financeiros assumidos em razão de mútuo, abertura de crédito, emissão de aceite de título, aquisição financiada de bens, recebimento antecipado de valores provenientes de venda a termo de bens e serviços, arrendamento mercantil e outras operações assemelhadas, inclusive com o uso de derivativos financeiros.

A adoção desse posicionamento implicará, necessariamente, o reconhecimento do impacto das PPPs no endividamento público, de modo que, a cada novo contrato, o limite estabelecido pela Resolução 43/2001, do Senado Federal, deve ser verificado para se saber se o ente federado possui condições, ou espaço, para contrair nova dívida.

Há outro aspecto pelo qual se pode enxergar o tema. Posicionamento que parte da análise das despesas públicas com as PPPs a partir de sua natureza orçamentária. Nesse sentido é a lição de Vera Monteiro, para quem é isenta de dúvida a conclusão pela qual as despesas geradas com as PPPs possuem caráter de despesa continuada[103], e não de dívida. Isso porque, de acordo com a autora, o caráter de obrigação financeira é inerente ao conceito de dívida consolidada, conforme já discorremos.

De acordo com a mencionada autora:

> "no conceito de obrigação financeira não podem ser incluídas despesas que possuam contrapartida em prestação de serviços, compra de bens ou salários. A contrapartida originária de obrigações dessa natureza só pode ser financeira, como decorrência expressa

---

[103] A característica de despesa continuada é dada pelo art. 17 da Lei de Responsabilidade Fiscal e possui impactos orçamentários nas despesas com PPPs. Esses impactos serão objeto de maior aprofundamento no Capítulo 4 deste trabalho.

da lei – isto é, apta a gerar fluxo de recursos para suprir déficit de caixa[104].

Monteiro assim conclui:

> parece-nos claro que a assunção de obrigação futura pelo Estado, derivada de contrato assinado com particular para prestação de serviço, não se confunde com obrigação financeira. Na obrigação contratual derivada do contrato de PPP o Estado compromete parcela orçamentária futura para a quitação das obrigações contratuais assumidas, as quais não são de natureza financeira. É evidente que, sendo obrigações de pagamento, acarretam aumento da despesa global do Estado. Isso implica o cumprimento de outros dispositivos da Lei de Responsabilidade Fiscal, que impõe a realização de estimativa do impacto orçamentário-financeiro e demonstração da origem dos recursos para seu custeio (Lei de Responsabilidade Fiscal, art. 16, c/c art. 17, § 1º). Mas jamais a observância dos limites fiados nos arts. 29 e ss. da Lei de Responsabilidade Fiscal[105].

Por essa perspectiva, a essência dos contratos de PPPs seria distinto dos contratos que levam ao endividamento (mais especificamente, das operações de crédito), sobretudo pelo fato de que o núcleo do contrato de PPP requer a prestação de um serviço, enquanto as operações de crédito têm por objeto apenas o adiantamento de recursos ou bens, em contrapartida ao recebimento de juros.[106]

Sem prejuízo dessa perspectiva, a linha representada pela professora Vera admite que as PPPs sejam sujeitas a rigorosos controles, inerentes

---

[104] MONTEIRO, Vera. Legislação de parceria público-privada no Brasil – aspectos fiscais desse novo modelo de contratação. In: SUNDFELD, Carlos Ari. *Parcerias* público-privadas. São Paulo: Malheiros, 2005. p. 101.

[105] MONTEIRO, Vera. Legislação de parceria público-privada no Brasil cit., p. 101.

[106] Nesse aspecto vale referência a Alexandre Santos de Aragão, que afirma serem duas as possibilidades interpretativas em relação às contraprestações pagas pelo Poder Público em um contrato de PPP: ou a obrigação é dívida pública ou consiste em despesa corrente, não levantando a possibilidade de serem consideradas concomitantemente, para então, ao final, concluir pela exclusão da possibilidade de ser considerada dívida pública (Possibilidade de afetação dos recebíveis de *royalties* aos fundos garantidores de parcerias público-privadas. *RDPE*, ano 7, n. 25, p. 9-38, Belo Horizonte: Fórum, jan.-mar. 2009, p. 21).

àqueles que a Lei de Responsabilidade Fiscal requer nos casos de criação ou aumento de despesas de caráter continuado.

Conforme veremos a seguir, esse segundo entendimento parece ter sido acolhido por toda a sistemática fiscal e contábil desenhada pelas PPPs. Isso implica dizer que, *a priori*, as PPPs não serão computadas para fins de endividamento público, mas que, sem prejuízo dessa conclusão, estarão sujeitas a controles típicos de criação e aumento de despesas à luz dos princípios de responsabilidade fiscal. Por essa razão, podemos afirmar que, em regra, as PPPs são operações *off-balance*, que é um termo importado dos negócios privados e que, no caso, deve ser entendido como a característica de as PPPs não serem consideradas endividamento[107].

A exceção à regra, ou seja, a contabilização da PPP para fins de endividamento ocorre quando se verifica, por meio da análise da alocação de riscos do contrato de PPP, que, na essência, existe uma dívida da Administração Pública com o parceiro privado e não, propriamente, uma PPP[108]. Os critérios para essa conclusão foram estabelecidos pela Portaria da Secretaria do Tesouro Nacional 614, de 21 de agosto de 2006, ou Portaria STN 614.

Nesse contexto, cabe a nós analisar com maior profundidade as razões de nosso entendimento, nos ocupando, assim, das características dos contratos de PPPs para buscarmos diferenciá-los das operações de crédito.

Feito isso, faremos no próximo capítulo a verificação da sistemática de alocação de riscos proposta pela Portaria STN 614, ou seja, como definir que na essência de uma determinada PPP existe uma contração de dívida.

No Capítulo 5 trataremos dos controles a que se sujeitam as PPPs, por força da Lei de Responsabilidade Fiscal, refletidos na Lei de PPPs, e que se aplicam independentemente da conclusão tida após a aplicação da Portaria STN 614.

---

[107] No Capítulo 1 tivemos oportunidade de expor o tema com um pouco mais de detalhe.
[108] Nesse sentido, ENEI, José Virgílio Lopes. A Portaria n. 614 de 21 de agosto de 2006, da Secretaria do Tesouro Nacional e as Parcerias Público-Privadas. *Artigos da Consultoria Machado Meyer, Sendacz e Opice sobre PPPs*, p. 29-33. Disponível em: <http://www.bnb.gov.br/content/aplicacao/desenvolvimento_em_acao/projeto_ppp/doc s/artigos_consultoria_machado_meyer_sobre_ppp.pdf>.

3.2 As PPPs são operações de crédito?

Do ponto de vista histórico, como já vimos no Capítulo 1 deste trabalho, o nascimento das PPPs se deu justamente no momento em que o endividamento dos países europeus estava em nível alarmante e que, por isso, a solução por um contrato como o de PPP não poderia significar maiores endividamentos.

Seria, assim, um contrassenso que a PPP surgisse para possibilitar que investimentos fossem feitos em momentos de crise fiscal e, ao mesmo tempo, implicasse necessariamente o aumento do endividamento público.

Também conforme contextualizamos no Capítulo 1, as PPPs são concebidas como um tipo de parceria com a Administração Pública, que tem por objetivo a atração da iniciativa privada, a quem caberá captar e investir recursos na infraestrutura pública. Foi por essa razão que o legislador estendeu às PPPs tratamento segundo o regime jurídico das concessões[109].

Isso significa que o parceiro privado será tratado como concessionário, tendo todos os benefícios do longo prazo, que deverá ser suficiente para amortizar os investimentos realizados por meio da arrecadação de tarifas e/ou recebimento da contraprestação pública, dos mecanismos de financiamento e da limitação às hipóteses de extinção antecipada[110] da avença.

Assim, a extensão do regime de concessão às PPPs foi fundamental para que o privado contasse com um arcabouço de instrumentos jurídicos que garantisse a solidez contratual da avença, criando um ambiente favorável ao investimento de recursos privados com a expectativa de retorno a longo prazo, seja pelo pagamento de contraprestações, seja pela combinação da arrecadação de tarifas e contraprestações[111].

---

[109] Nesse sentido ver SUNDFELD, Carlos Ari. Guia jurídico das parcerias público-privadas cit., p. 34; RIBEIRO, Maurício Portugal; PRADO, Lucas Navarro. Comentários à Lei de PPPs cit., p. 73.

[110] As hipóteses de extinção do contrato administrativo e o consequente tratamento jurídico que é dispensado a cada uma delas são essenciais para o financiamento das concessões, dentre elas as PPPs. Por essa razão, dispensamos tratamento apartado ao tema no Capítulo 5, a seguir.

[111] Existem várias críticas à extensão do regime da concessão às Concessões Administrativas. Celso Antônio Bandeira de Mello é contundente ao afirmar se tratar de falsa concessão, baseado sobretudo no fato de que o regime tarifário é elemento que compõe o núcleo do conceito de concessão. Dessa forma, a ausência de pagamento de tarifa pelos usuários, nas Concessões Administrativas, seria suficiente para afastar o regime das concessões de tal modalidade contratual (*Curso de direito administrativo* cit., p. 796 e ss.). No mesmo sentido, Ricardo

Veja-se que a solidez do vínculo contratual, que restringe a extinção unilateral pela Administração Pública a hipóteses taxativamente previstas na Lei de Concessões, é essencial para que o concessionário faça os investimentos necessários, por meio de capital próprio ou via captação de dívida no mercado. Isso porque o concessionário, mas principalmente seus credores, terá segurança de que, na hipótese de antecipação da extinção do vínculo, os serviços da dívida serão pagos –nos casos de encampação, anulação ou caducidade, em medidas distintas, é claro, em função de o concessionário ter atuado de maneira a dar causa à extinção do vínculo, no segundo caso.

Ademais, os financiadores privados exigirão a constituição de garantias sólidas para o caso do inadimplemento da dívida assumida pelo concessionário. A Lei de Concessões permite que os direitos emergentes da concessão sejam empregados a título dessa garantia, o que aproveita tam-

---

Marcondes Martins, em linha com o mestre Celso Antônio Bandeira de Mello, entende que, "para tentar caracterizar a concessão, o legislador atribuiu ao Poder Público a qualidade de 'usuário direto ou indireto do serviço', de modo a caracterizar sua contraprestação como 'tarifa'. Fê-lo inutilmente: o que o Poder Público paga ao suposto concessionário na concessão administrativa não é tarifa, pois esta é a denominação dada ao preço público pago pelos usuários dos serviços ao prestador em decorrência de comodidade ou utilidade material a ele prestada ou posta à sua disposição. E isso quando a prestação for indireta: no caso da prestação direta, é inviável a cobrança de tarifa, viabilizando-se, em tese, quando o serviço for divisível, a cobrança da taxa" (Natureza jurídica da parceria público-privada. In: DAL POZZO, Augusto Neves et al. *Parcerias público-privadas*. Belo Horizonte: Fórum, 2014. p. 288). Em sentido oposto, vale menção aos entendimentos de Vera Monteiro (*Concessão*. São Paulo: Malheiros, 2010) e André Luiz Freire, que desenha um conceito constitucional de concessão. Para André, "não se consegue visualizar na Constituição o dever de incluir a remuneração no conceito de concessão de serviço público. Para demonstrar o que se afirma, basta questionar: poderia um Município – no âmbito de uma política social – subsidiar integralmente o serviço de transporte urbano de passageiros? A resposta é, evidentemente, positiva. Desde que a decisão de conceder tenha sido devidamente fundamentada (técnica, econômica e juridicamente), nada impediria o Município de custear totalmente o valor das tarifas de ônibus. Isso não afastaria a relação jurídica entre os usuários e o concessionário. Este continuaria a atuar em nome próprio, respondendo pelos atos em face dos usuários e terceiros. E isso por uma razão: porque teria havido o ato de delegação de competências administrativas de prestação do serviço público ao sujeito privado. Esse é o núcleo da concessão de serviço público (*O regime de direito público na prestação de serviços públicos por pessoas privadas*. São Paulo: Malheiros, 2014. p. 362-363). Nosso entendimento se alinha com os autores mencionados ao final, Vera e André, no sentido de que a remuneração do concessionário não é elemento essencial à conformação jurídica do instituto da concessão no Brasil, de modo que a opção do legislador por criar a Concessão Administrativa é no todo legítima.

bém as PPPs, que, inclusive, permitem que o empenho da contraprestação seja feito diretamente para o credor do concessionário (art. 5º, § 2º, inc. II, da Lei de PPPs).

Ainda, estende-se às PPPs, por força da Lei Federal 13.097, de 19 de janeiro de 2015, que alterou a redação do art. 5º, § 2º, inc. I, e acrescentou os incs. II e III, bem como o art. 5º-A, da Lei de PPPs, o regime da alteração de controle (temporário) e administração temporária da concessionária. Esse instituto, que já é conhecido por sua terminologia em inglês como *step-in rights*, ganhou nova roupagem pela mão do Congresso Nacional. Nesse caso, como tivemos oportunidade de apresentar em trabalho em conjunto com Pedro Romualdo Saullo[112], a falta de técnica do legislador foi tamanha que, em vez de esclarecer, a Lei Federal 13.097, de 19 de janeiro de 2015, trouxe maior confusão ao aplicador da norma. De qualquer forma, não podemos deixar de mencionar a importância da previsão de tal instituto nas PPPs, que permite ao financiador assumir temporariamente o controle da SPE para implementar medidas de saneamento de contas que permitam tanto a melhor prestação dos serviços quanto o pagamento da dívida.

Essas características demonstram a intenção do legislador em assegurar ambiente favorável ao investimento privado em contratos de PPP e garantem uma sistemática completamente própria de contratos de prestação de serviços, diversos de contratos de mútuo, que integram as operações de crédito.

Ademais dessas características, próprias a quaisquer concessões regidas exclusivamente pela Lei de Concessões, as PPPs possuem limites na sua aplicabilidade, impostos pela Lei de PPPs. Esses limites se fundamentam no próprio cuidado que o legislador teve para instalar o instituto das PPPs no Brasil, delineando a escolha por esse regime apenas a casos específicos. Ao mesmo tempo em que esses limites orientam a atividade da Administração Pública, estabelecem as características únicas dos contratos de

---

[112] SANT'ANNA, Lucas de Moraes Cassiano; SAULLO, Pedro Romualdo. *Step-in rights* e o Regime da Administração Temporária no âmbito da Lei de Concessões. *Revista Brasileira de Infraestrutura – RBINF*, v. 1, p. 119-130, Belo Horizonte: Fórum, 2015; SANT'ANNA, Lucas de Moraes Cassiano; SAULLO, Pedro Romualdo. *Step-in rights* e o Regime da Administração Temporária no âmbito da Lei de Concessões. *Revista Brasileira de Direito Público – RBDP*, ano 13, n. 49, Belo Horizonte: Fórum, abr.-jun. 2015; SANT'ANNA, Lucas de Moraes Cassiano; SAULLO, Pedro Romualdo. *Step-in rights* e o Regime da Administração Temporária no Âmbito da Lei de Concessões. *Revista Zênite – Informativo de Licitações e Contratos (ILC)*, n. 255, p. 459-468, Curitiba: Zênite, maio 2015.

PPPs, afastando-os de outros negócios passíveis de serem celebrados pela Administração Pública.

Dito isso, parece-nos fundamental que identifiquemos esses limites, ensejadores das características únicas dos contratos de PPPs, nesse exercício de encontrar a natureza das PPPs e diferenciá-las das operações de crédito.

3.2.1 Limites negativos

3.2.1.1 Investimento mínimo

Nos termos do art. 2º, § 4º, inc. I, da Lei de PPPs, os contratos de PPPs não podem exigir, dos parceiros privados, investimentos inferiores a R$ 20.000.000,00 (vinte milhões de reais), afastando-se, assim, os contratos mais ordinários e de pequena monta da aplicação do regime jurídico das PPPs.

Aqui, coloque-se desde já, não cabe interpretação outra que não seja a de aplicação do limite negativo aos investimentos previstos no contrato de PPP, afastando-se a ideia de que uma contratação cujo somatório das contraprestações fosse igual ou superior a R$ 20.000.000,00 (vinte milhões de reais) poderia ser formalizada como uma PPP.

Essa interpretação levaria à total distorção do espírito da Lei de PPPs que busca criar ambiente para o recebimento de investimentos privados e não para que a Administração Pública busque contratos com valores mais elevados apenas com o intuito de se apropriar do regime das PPPs. Ou seja, a interpretação que aqui rechaçamos cria verdadeiro incentivo à majoração dos custos do contrato para a contratação de uma PPP.

Ademais da interpretação teleológica da norma indicar tal conclusão, é fato que o patamar de R$ 20.000.000,00 (vinte milhões de reais) já não representa o mesmo valor econômico que representava em 2004, quando da edição da Lei de PPPs. Atualmente, é fácil identificar em editais de licitação para a contratação de PPPs o dever de o licitante vencedor reembolsar os responsáveis pelo estudo em valores próximos ou superiores a R$ 5.000.000,00 (cinco milhões de reais). Dessa forma, se os custos relativos aos estudos para a licitação de determinado projeto somam cerca de um quarto do limite mínimo para investimentos em um contrato de PPP, nos parece que o contrato em si deverá prever investimentos de vulto significativamente maior, sob pena de correr em evidente incoerência.

Ainda em relação a esse tema, existem discussões sobre a extensão da aplicação da previsão do art. 2º, § 4º, inc. I, da Lei de PPPs enquanto lei nacional ou se se limita às contratações de PPPs no âmbito da União Federal. De acordo com Gustavo Binenbojm[113], o estabelecimento do valor específico não configuraria norma de caráter geral, mas específico. Dessa forma, a única leitura possível do dispositivo seria aquela que restringiria o alcance da norma à esfera federal, já que o alcance de conteúdo específico estaria limitado à edição de normas gerais, de acordo com o que prevê o art. 22, inc. XXVII, da Constituição Federal.

É consenso entre os doutrinadores que normas gerais são aquelas de aplicação obrigatória e indistinta a todos os entes federados[114], enquanto normas federais, estaduais e municipais são aquelas cuja aplicação se restringe ao ente federado responsável por sua edição. A Constituição Federal outorga somente à União a competência para editar normas gerais sobre licitação e contratos administrativos (ref. art. 22, inc. XXVII).

Nesse contexto, a norma geral é aquela que dá o conteúdo essencial a determinado instituto. Assim, porque é dada à União a competência para legislar sobre matéria de licitações e contratos administrativos, a criação de uma nova espécie de contratos e o estabelecimento de suas características essenciais haveria de ser competência da própria União. Diante dessa verificação, a pergunta a ser respondida é se o valor mínimo, estabelecido no art. 2º, § 4º, inc. I, da Lei de PPPs, é uma característica essencial ao instituto das PPPs.

Na resposta a tal questionamento temos que considerar a própria razão de ser do instituto que, conforme supramencionado, foi moldado para o recebimento de investimentos da iniciativa privada, sendo contratos complexos e de longo prazo. Nessa esteira, o estabelecimento de um patamar

---

[113] BINENBOJM, Gustavo. As parcerias público-privadas (PPPs e a Constituição). *Revista Eletrônica de Direito Administrativo – REDAE*, n. 2, Salvador, maio-jun.-jul. 2005. No mesmo sentido, MOREIRA, Egon Bockmann. Breves notas sobre a parte geral da Lei das Parcerias Público-Privadas. In: CASTRO, José Augusto Dias de; TIMM, Luciano Beneti (org.). *Estudos sobre parcerias público-privadas*. São Paulo: Thomsom, 2006. p. 49-50.

[114] Nesse sentido GRAU, Eros Roberto. Licitação e contrato administrativo: estudos sobre a interpretação da lei, p. 11-13; FREIRE, André Luiz. Comentários aos arts. 1º, 2º e 3º, da Lei das PPPs. In: DAL POZZO, Augusto Neves et al. *Parcerias público-privadas*. Belo Horizonte: Fórum, 2014. p. 19.

mínimo para a contratação parece justamente ser parte integrante do instituto das PPPs, que servem a contratos de dimensionamento financeiro elevado[115].

Ora, de nada adiantaria a União impor valor mínimo à contratação de PPPs e ver municípios se utilizando do complexo arranjo para contratação de PPPs com investimentos menores, colocando em risco a uniformidade e a própria eficácia do instituto. Somos sensíveis, sim, às diferenças regionais e à diversidade de vigor econômico entre os entes federados, no entanto, a PPP foi criada justamente para investimentos de alta monta, que exigem corpo técnico capacitado para implementá-lo. Desse modo, Municípios menores ou mesmo Estados podem se consorciar para usar das PPPs, por exemplo, em serviços compartilhados de saúde, educação ou saneamento básico.

Com efeito, é da essência dos contratos de PPPs que haja, de um lado, investimentos privados e, de outro, prazo suficiente para a amortização desses investimentos, por meio da arrecadação de tarifas e/ou recebimento da contraprestação pública, por parte do parceiro privado. Assim, a norma que estabelece um valor mínimo é norma geral, pois reflete uma característica intrínseca ao instituto das PPPs, a exemplo das características a seguir descritas – tempo mínimo e impossibilidade de se tratar de construção de obra ou fornecimento de mão de obra.

3.2.1.2 Prazo inferior a 5 (cinco) anos e prestação dos serviços para pagamento da contraprestação

Outra característica das PPPs é serem instrumentos contratuais de longo prazo. Ora, a razão para as PPPs existirem é justamente a necessidade de realização de investimentos imediatos com a dilação do prazo para o pagamento. Assim, não se justificaria a modelagem de um contrato de PPP para execução em curto prazo, o que revelaria que, na realidade, a Administração Pública disporia de recursos para a realização dos investimentos necessários[116]. Lucas Navarro Prado e Maurício Portugal Ribeiro comungam desse raciocínio:

---

[115] Nesse exato sentido, ver a boa exposição de GUIMARÃES, Fernando Vernalha. *Parcerias* cit., p. 328.

[116] Veja-se que o aporte de recursos, figura que será discutida adiante neste trabalho, pode significar alguma subversão dessa lógica das PPPs, mas dentro de um contexto específico,

A *ratio* por trás das concessões patrocinadas e administrativas é de contratos que demandam investimentos relevantes dos particulares em infraestrutura para prestação do serviço, cuja amortização e remuneração se dão pela exploração dessa infraestrutura ao longo da execução dos contratos. Ora, obedecida essa lógica, as PPPs serão, em regra, contratos de médio ou longo prazo[117].

Quanto à contagem do prazo mínimo, entendemos que se deve levar em conta o período de execução. Tem sido comum que contratos de PPP prevejam que seus efeitos somente terão início quando certos eventos se realizarem (ex.: constituição da garantia pública pelo Poder Concedente). Evidentemente, nesse caso, em que o início efetivo do contrato somente ocorre tempos depois da publicação de seu extrato na imprensa oficial, o prazo de cinco anos não pode ser contado para incluir o período em que a condição não se realizou[118].

Outro ponto importante, que é uma característica essencial das PPPs e que está diretamente ligada ao prazo contratual, é o fato de que o pagamento da contraprestação depende necessariamente do início da prestação dos serviços. Assim, "como a remuneração será paga pelos serviços – e não diretamente pelas obras ou fornecimento –, a exigência de que estes durem ao menos cinco anos dá à Administração esse prazo mínimo para a amortização dos investimentos. É um modo de diluir no tempo a pressão financeira"[119].

O pagamento da remuneração pelos serviços é uma caraterística essencial das PPPs, que foi veiculada pelo art. 7º, *caput*, da Lei de PPPs, que também garantiu o direito de pagamento ao concessionário da parcela fruível (art. 7º, § 1º, da Lei de PPPs). A sistemática imposta pelo legislador tem aderência à aplicação primordial das PPPs, que é no financiamento da infraestrutura em situações de crise fiscal.

Tal sistemática também faz sentido para preservar os cofres públicos de riscos de inadimplemento por parte do parceiro privado. É bom lembrar também que as concessões, e as PPPs enquanto espécie de tal gênero, permitem que o parceiro privado tenha interação maior na produção do

---

alinhado com o interesse da Administração Pública.
[117] RIBEIRO, Mauricio Portugal; PRADO, Lucas Navarro. *Comentários à Lei de PPPs* cit., p. 79.
[118] FREIRE, André Luiz. *Comentários aos arts. 1º, 2º e 3º, da Lei das PPPs* cit., p. 14.
[119] SUNDFELD, Carlos Ari. *Guia jurídico das parcerias público-privadas* cit., p. 35.

projeto básico e executivo da obra a ser construída, ao contrário do que faz a Lei de Licitações, que estabelece a lógica da segregação entre o autor e o executor do projeto[120].

Em sendo assim, o art. 7º da Lei de PPPs estabelece como divisor de águas para os pagamentos ao parceiro privado a efetiva prestação dos serviços. É um controle finalístico, ou seja, o privado poderá receber pelo investimento feito na medida em que a obra construída permita a prestação dos serviços nos parâmetros determinados contratualmente.

Essa lógica de controle finalístico dos atos do parceiro privado está visceralmente ligada às PPPs. Está explícito na Lei de PPPs (art. 5º, inc. VII) que os contratos contarão com cláusulas que estabeleçam critérios de desempenho para a avaliação do parceiro privado. A eficiência é, ademais, uma das tônicas da Lei de PPPs e está arrolada, inclusive, como uma das diretrizes do instituto (art. 4º, inc. I, da Lei de PPPs).

Diante dessa realidade em que se combinam a maior participação do interessado na elaboração do projeto e o dever de estabelecimento de critérios de desempenho, à luz da eficiência da prestação dos serviços, o art. 7º, que impede o pagamento da contraprestação pública antes da prestação dos serviços, faz todo sentido, pois é apenas com a efetiva prestação dos serviços que a Administração Pública poderá pagar pelo trabalho feito pelo parceiro privado.

Nessa linha, Floriano de Azevedo Marques Neto e Vitor Rhein Schirato vão direto ao ponto indicando que:

> especificamente no que concerne ao *caput* do art. 7º da Lei nº 11.079/04, a finalidade de referida norma não é outra senão evitar que o parceiro privado aufira receitas anteriormente à prestação dos serviços. É dizer, procura-se evitar que o parceiro privado tenha direito a uma prestação, sem que ofereça a contraprestação. O que faz absoluto sentido considerando-se a natureza e a finalidade dos contratos de PPP[121].

---

[120] Trataremos desses aspectos de forma mais detalhada nas discussões de alocação de riscos a seguir.

[121] MARQUES NETO, Floriano de Azevedo; SCHIRATO, Vitor Rhein. As formas de pagamento da contraprestação pública. 123-142. In: MARQUES NETO, Floriano de Azevedo; SCHIRATO, Vitor Rhein. *Estudos sobre a Lei das Parcerias Público-Privadas*. Belo Horizonte: Fórum, 2011. p. 135.

Não é diferente com as concessões comuns. A despeito de não haver regra no mesmo sentido, seria um contrassenso permitir a cobrança de tarifa para amortizar investimentos quando estes ainda não foram realizados pela concessionária. Parece-nos que, nas concessões comuns, o início da prestação dos serviços pode dar azo, como nas PPPs, à cobrança de tarifas, mas que levem em sua composição o elemento da amortização dos investimentos já realizados (*Capex* realizado) e o referente aos serviços prestados (*Opex*), claro, sempre acrescidos do retorno esperado pela concessionária e estabelecido no momento da assinatura do contrato de concessão.

Diante do exposto, a combinação de um prazo mínimo de 5 (cinco) anos paras as PPPs com o dever de remuneração do parceiro privado apenas com o início da prestação dos serviços é reflexo da *ratio* do próprio instituto, pelo qual investimentos devem ser feitos, com maior participação possível da iniciativa privada no estabelecimento do próprio projeto (aumentando a interação entre público e privado e os consequentes ganhos de eficiência) e, por fim, com pagamento vinculado ao aproveitamento da comodidade pelos usuários. Somente após os usuários serem capazes de fruir o benefício é que o parceiro privado terá direito a receber os pagamentos.

Isso implicará que o parceiro privado tenha condições de realizar os investimentos, principalmente por meio de empréstimos tomados no mercado financeiro, que virão a ser pagos no futuro quando a PPP for capaz de lhe render as receitas esperadas. Por essa razão, conforme dissemos *supra*, é essencial que a PPP se aproveite dos mecanismos de segurança e proteção dados às concessões.

3.2.1.3 Que tenha como objeto único o fornecimento de mão de obra, fornecimento e instalação de equipamentos ou execução de obra pública

Na mesma linha do item anterior, o legislador estabeleceu que as PPPs não podem ter por objeto único o fornecimento de mão de obra, fornecimento e instalação de equipamentos ou execução de obra pública (art. 2º, § 4º, inc. III, da Lei de PPPs). Nessa vedação enxergamos preocupações do legislador de naturezas distintas.

No nosso entendimento, a vedação à contratação de mão de obra se assenta no dever de a PPP deixar um legado às futuras gerações, as quais contratarão não farão parte da decisão pela contratação dos serviços, mas sim de seu custeio.

As outras duas limitações, quais sejam, fornecimento e instalação de equipamentos e execução de obras, têm relação com o fato de que a PPP deverá ser medida pela qualidade dos serviços, e não pela mera entrega do bem adquirido ou execução da obra. Conforme já exposto, a complexidade da PPP requer que o privado participe da concepção do projeto e a sistemática que privilegia o controle finalístico impõe o cumprimento de metas de atendimento do usuário dos serviços e não a mera entrega da obra ou equipamento. Nesse sentido, vale a lição de Carlos Ari Sundfeld:

> Ao impedir que, nos contratos PPP, a prestação se limitasse à execução de obras ou fornecimento de equipamentos (art. 2º, § 4º, III), a Lei de PPPs fez com que a remuneração dos parceiros privado ficasse diretamente vinculada à fruição dos serviços pela Administração ou pelos administrados (art. 7º) e viabilizou sua variação de acordo com o desempenho do parceiro privado, conforme metas e padrões de qualidade e disponibilidade fixadas (art. 6º, parágrafo único). Portanto, a boa ou má qualidade das obras ou bens utilizados na infraestrutura repercutirá diretamente na determinação do valor a ser recebido pelo parceiro privado. Isso deve gerar, para ele, um interesse próprio de bem executar a parte relativa à infraestrutura, pois os serviços devem se estender por ao menos cinco anos e a infraestrutura deve ser capaz de resistir bem durante todo esse período[122].

Nesse sentido vale também checarmos a consideração de Lucas Navarro Prado e Maurício Portugal Ribeiro[123-124]:

---

[122] SUNDFELD, Carlos Ari. Guia jurídico das parcerias público-privadas cit., p. 34-35.
[123] "Do modo como está redigido o dispositivo, está proibida a realização de PPPs em que o fornecimento de equipamentos e as obras não estejam vinculados diretamente à prestação do serviço" (RIBEIRO, Maurício Portugal; PRADO, Lucas Navarro. *Comentários à Lei de PPPs* cit.).
[124] "A contratação de pessoal pura também está proibida. Não é permitida a contratação de PPP meramente para suprir a necessidade de pessoal. Dessa perspectiva, a contratação de PPP só é viável quando envolver capacidade operacional empresarial, que se traduz na organização de conjunto de bens, direitos e pessoal apto à eficiente prestação de dado tipo de serviço. Não cabe, por exemplo, PPP para contratação de serviço de limpeza de um edifício, ou para mera assistência a usuários de *software* de rede" (RIBEIRO, Maurício Portugal; PRADO, Lucas Navarro. *Comentários à Lei de PPPs* cit., p. 81).

Doutra sorte, o dispositivo comentado deixa claro que os contratos de PPP são sempre contratos de prestação de serviços, ao usuário ou à Administração Pública. Isso não significa que os contratos de PPP, para a prestação adequada do serviço, não possam exigir que o parceiro privado realize investimento em obras, na contratação de pessoal e em compra de equipamentos.

Ademais, já existem meios adequados à satisfação dos interesses da Administração Pública quando esse interesse se tratar do recebimento de mão de obra, bens ou obras públicas. Vejamos a explicação dos mencionados autores, *verbis*:

> O inciso III do § 4º do art. 2º da Lei de PPP traduz opção política do legislador de não utilizar a Lei de PPP para modificar os marcos legais aplicáveis à (i) realização de obra pública pura, (ii) compra e instalação de equipamentos ou (iii) contratação de mão de obra. Continuam, pois, aplicáveis às obras públicas os dispositivos sobre as licitações e contratos de obra constantes da Lei 8.666/1993; à compra e instalação de equipamentos, a legislação sobre o pregão, quando se referirem a compras de bens e serviços comuns, e a Lei 8.666/93 em relação ao demais; e ao fornecimento de mão de obra a legislação para a contratação de prestação de serviços também constante da lei 8.666/1993.

Nesse ponto, vale menção à observação de André Luiz Freire com a qual não concordamos. Para o autor, "a complexidade do objeto não é uma característica necessária em todos os contratos de PPP. Nada impede que um serviço público seja prestado no regime da PPP sem que isso envolva execução de obras e fornecimento de bens"[125].

Em nosso entendimento, a complexidade é inerente ao contrato de PPP, bem como a execução de obra (ainda que não de natureza civil) e o fornecimento de bens. Seria difícil imaginar qualquer PPP que envolva a mera prestação de um serviço que não deixe legado para as futuras gerações, se, por exigência do contrato de PPP, o contrato requer investimentos mínimos na monta de R$ 20 milhões. Dessa forma, seria incongruente ao mesmo

---

[125] FREIRE, André Luiz. *Comentários aos arts. 1º, 2º e 3º, da Lei das PPPs* cit., p. 46.

tempo exigir investimentos mínimos de valor relativamente expressivo e permitir que haja prestação de serviços sem o fornecimento ou a construção de novos bens de longa duração para fruição de gerações futuras[126].

3.2.1.4 Síntese do tópico

Da exposição dos limites negativos das PPPs, extraímos a conformação geral dos contratos de PPP, os quais são contratos que englobam sempre um elemento de investimento (pode ser a construção de uma obra pública, o fornecimento de equipamentos e material rodante de uma linha de transporte metroviário) e a prestação de serviços. Assim, no pagamento da contraprestação pública haverá sempre uma parcela destinada a amortizar os investimentos feitos e outra destinada a remunerar o concessionário pelo serviço prestado, conforme tratamos, inclusive na verificação da classificação orçamentária das despesas com PPPs, no Capítulo 2 deste trabalho.

Essa dupla finalidade da contraprestação gera questionamentos de natureza orçamentária-fiscal a respeito da natureza da contraprestação pública enquanto despesa pública.

Dessa forma, podemos de pronto afastar a identidade dos contratos de PPP com as operações de crédito. Ou seja, basta termos os contornos gerais das PPPs para concluirmos que são contratos essencialmente distintos dos contratos pelos quais se celebra uma operação de crédito. Enquanto no núcleo desses contratos está uma obrigação financeira com o intuito de promover apenas a satisfação de abastecer os cofres públicos com recursos para utilizá-los da forma que a legislação assim permitir, o núcleo das PPPs está justamente no recebimento de uma prestação material do privado em forma de investimento em determinado bem combinado com a prestação

---

[126] Para o mencionado autor: "Em relação à impossibilidade de objeto único de prestação de serviços, fornecimento de bens ou execução de obra pública, é preciso fazer o seguinte alerta. A rigor, os contratos de PPP têm um objeto complexo. Eles envolvem a execução prévia ou concomitante de obras públicas e/ou o fornecimento de bens, bem como a prestação de um serviço que consiste no objeto principal do contrato. Entretanto, a complexidade do objeto não é uma característica necessária em todos os contratos de PPP. Nada impede que um serviço público seja prestado no regime da PPP sem que isso envolva execução de obras e fornecimento de bens". "A finalidade do inciso III do § 4º do art. 2º foi apenas de evitar que seja utilizada a PPP apenas para fornecimento de mão de obra, ou fornecimento de equipamentos, ou execução de obra pública. Assim, não pode haver PPP para uma empreitada de obra pública, ou que se volte apenas para o fornecimento de um equipamento".

de serviços. Nas operações de crédito, a remuneração do financiador é o juro, pago de maneira fixa ou variável em função das condições do mercado financeiro preestabelecidas na avença original; diferentemente, nas PPPs a remuneração do concessionário se dá essencialmente com base nos índices de desempenho fixados e apurados no contrato e o pagamento somente se dá com a prestação dos serviços.

Nesse sentido, Fernando Vernalha Guimarães corrobora com a nossa conclusão, já que entende que as despesas com as PPPs não se enquadram na definição de operação de crédito do art. 29, inc. III, da Lei de Responsabilidade Fiscal. O autor explica que:

> os contratos de PPPs podem veicular uma ou outra obrigação de caráter acessório que se encaixe na definição de operação de crédito (*e.g.* o fornecimento de um bem que poderia ser entendido como a aquisição financiada de um bem pela Administração Pública – o que é considerado uma operação de crédito, nos termos já vistos acima).

No entanto, para Guimarães, a essência das PPPs será sempre a prestação de serviços em regime de concessão, de modo que se existir obrigação acessória que se subsuma a eventual hipótese de operação de crédito ela nada mais será do que decorrência da própria alocação do modelo de gestão das PPPs, "que se organiza a partir da combinação de prestações distintas com vistas a atender certas necessidades da Administração"[127].

---

[127] Vale aqui transcrever a lição de Guimarães: "operação de crédito [é] o compromisso financeiro assumido em razão de mútuo, abertura de crédito, emissão e aceite de título, aquisição financiada de bens, recebimento antecipado de valores provenientes da venda a termo de bens e serviços, arrendamento mercantil e outras operações assemelhadas, inclusive com o uso de derivativos financeiros. (...) Examinando o conceito posto, a subsunção dos compromissos financeiros envolvidos numa PPP à categoria de operação de crédito dependeria de considerá-la como aquisição financiada de bens. Como as PPPs traduzem uma opção contratual cujos efeitos jurídicos podem envolver a implementação de infraestrutura pública mediante pagamento diferido pela Administração, assim como a reversão de bens ao patrimônio público ao final do contrato, há quem possa tomá-la por operação assemelhada a uma aquisição financiada de bens. Não me parece que seja assim. Retome-se aqui que as PPPs são contratos concessórios. Nesta qualidade, têm por objeto a prestação da gestão de serviços públicos (ou de serviços ao Estado) à Administração. No bojo desses contratos pode-se inserir a implementação de obras de infraestrutura, o fornecimento de bens etc. Mas serão esses, sempre, escopos acoplados à prestação de um serviço à Administração ou aos Usuários. (...) Portanto, os contratos de PPP

Mesmo diante da diferença nuclear das operações de crédito, as PPPs são contratos de longo prazo e exigem cuidados com as finanças públicas independentemente de serem ou não considerados dívida.

Nesse ponto vale citar Ricardo Marcondes Martins, que nos chama corretamente a atenção para esse fato ao dizer que:

> o prazo mínimo delas [PPPs] é superior à duração do plano plurianual: configuram um contrato administrativo que durará, no mínimo, cinco anos, podendo durar até trinta e cinco anos. Em relação ao prazo máximo, perceba-se: são três décadas sem nova licitação[128].

Ciente dessa realidade, qual seja, de que o contrato de PPP envolve o comprometimento de recursos públicos por prazos sempre superiores a um mandato eletivo, o legislador impôs uma série de requisitos de natureza orçamentária que devem ser observados pelo administrador público antes da celebração de um contrato de PPP. Esses cuidados orçamentários concentram-se nos incisos do art. 10 e nos arts. 22 e 28 da Lei de PPPs, e serão objeto de nossa análise no Capítulo 5.

Não podemos deixar de antecipar, no entanto, que, a despeito das diferenças nucleares entre contratos de PPP e operações de crédito, temos que reconhecer o fato de que a remuneração do parceiro privado em parcelas ao longo dos anos por investimentos realizados anteriormente (em cumprimento à regra do art. 7º da Lei de PPPs) se apoia em lógica pela qual a Administração Púbica antecipa os investimentos necessários e paga ao longo dos anos.

Essa lógica é o único ponto de contato entre as operações de crédito e as PPPs, de modo que o administrador público poderia cair na tentação de usar o arcabouço jurídico das PPPs para realizar verdadeira operação de crédito. Caso isso aconteça e o administrador público caia na tentação de utilizar o arcabouço jurídico posto à sua disposição pela Lei de PPPs para a realização de operação de crédito disfarçada, a essencialidade do

---

não são hipóteses subsumíveis ao tipo das operações de crédito" (GUIMARÃES, Fernando Vernalha. *Parcerias* cit., p. 275-276).

[128] MARTINS, Ricardo Marcondes. Natureza jurídica da parceria público-privada cit., p. 293.

negócio será identificada e terá o tratamento fiscal compatível com uma operação de crédito.

Conforme veremos com maior detalhe a seguir, a regra atualmente estabelecida pela Portaria STN 614 determina que em todas as PPPs seja feito verdadeiro teste de essência à luz dos riscos alocados aos parceiros público e privado. Ora, uma PPP deve, em alguma medida (e veremos a seguir qual é essa medida e em quais riscos), alocar riscos inerentes à atividade concedida ao privado. Se a alocação de tais riscos for demasiadamente sutil, pode-se concluir, pela regra da Portaria STN 614, que determinado contrato de PPP, apesar de sua forma, veicula essencialmente uma operação de crédito.

Veremos que, nesses casos, o que a legislação determina não é a invalidade da PPP. Esse contrato de concessão será considerado válido e regular, no entanto, será classificado em parte como uma operação de crédito, tendo como consequência o impacto no endividamento público. Desse modo, a lei não impede que o contrato seja celebrado, mas a celebração por determinado ente federado estará condicionada à observância dos limites de endividamentos impostos pela Resolução 43/2001, do Senado Federal, conforme vimos no capítulo anterior.

Essa sistemática de reconhecimento de parte das obrigações financeiras da Administração Pública em um contrato de PPP como dívida pública desvirtua um benefício essencial do contrato de PPP, que é justamente a possibilidade de financiar (aqui no sentido original de custeio, que baliza esse trabalho) a infraestrutura estatal sem que isso implique gravame das contas estatais. Isso significa a PPP como um contrato que não compromete as contas públicas, porque é justamente pensado como um investimento combinado com a prestação contínua de serviços, ambos aproveitáveis pelas gerações futuras, sempre com a premissa de que os riscos entre as partes estarão equilibrados.

Todos esses pontos serão discutidos com maior detalhe no próximo capítulo. No entanto, antes de tratarmos de tais temas, vejamos uma figura, inaugurada pela Medida Provisória 575, de 7 de agosto de 2012. Trata-se do *aporte de recursos*.

3.3 Aporte de recursos

Entre os anos de 2009 e 2014, o número de estudos para a modelagem de contratos de PPPs, seja por via dos Processos de Manifestação de Interesse, seja pela via tradicional da Administração Pública, aumentou bastante. Isso porque a necessidade por infraestrutura também aumentou em função da aproximação dos eventos esportivos da Copa do Mundo de 2014 e dos Jogos Olímpicos do Rio de Janeiro de 2016.

Naquele momento, havia abundância de recursos públicos, colocados à disposição de Estados e Municípios pela União Federal, em função das necessidades que tais entes federados apresentavam de realizar investimentos em obras de estádios de futebol e, sobretudo, de mobilidade urbana nos locais que receberiam jogos da Copa do Mundo de 2014. Assim, foram lançados inúmeras versões do Programa de Aceleração do Crescimento, os PACs, que nada mais consistem do que na disponibilização de recursos federais a Estados e Municípios que cumprem determinados requisitos dentro do programa de prioridades estabelecidos pela União[129].

Assim, Estados e Municípios estavam diante da necessidade de realizar investimentos em obras de infraestrutura, as quais, conforme visto, se encaixam perfeitamente no modelo contratual das PPPs, já que são de grande vulto e custo e deixam um legado às futuras gerações – obras de mobilidade como monotrilhos, metrôs, corredores de ônibus na modalidade *Bus Rapid Transit* (BRT) são nitidamente melhorias na infraestrutura local e regional que perduram por gerações e que, ademais, podem ser custeadas parte por tarifas pagas diretamente pelos usuários e parte por recursos orçamentários, enquadrando-se perfeitamente no modelo das concessões patrocinadas.

Ocorre que, conforme expusemos, as PPPs são modelos contratuais desenhados para momentos de escassez de recursos orçamentários. Do lado econômico, as PPPs exigem que o privado invista recursos próprios ou de terceiros, mediante tomada de crédito no mercado, e sua remuneração será diferida ao longo dos anos. Do lado jurídico, a Administração Pública se assegura de que somente iniciará o pagamento com o início da prestação dos serviços, em obediência à regra do art.7º, da Lei de PPPs.

Essa sistemática, no entanto, gera o aumento natural no custo final do contrato. Ora, é natural que haja juros embutidos na contraprestação e/ou tarifas pagas pela Administração Pública e usuários, respectivamente, já que os privados anteciparam os recursos necessários à construção da infraestrutura pública e, por essa antecipação, devem ser recompensados, pelo menos em função do custo do dinheiro no tempo.

---

[129] Mais informações sobre o PAC e suas diversas versões: http://www.pac.gov.br/especial/30

Dessa forma, a situação de abundância de recursos a Estados e Municípios, no período de tempo que precedeu a realização da Copa do Mundo de 2014 no Brasil criou uma situação *sui generis* em que o modelo contratual das PPPs se apresentava como o mais adequado à satisfação do interesse público primário, no entanto, a sistemática de pagamentos apenas com o início dos serviços era ineficiente, pois havia recursos disponíveis, que poderiam diminuir os custos financeiros dos contratos de PPPs (desatendimento ao interesse público secundário).

Nesse contexto, surge a figura do aporte de recursos, inserida pela Medida Provisória 575, de 7 de agosto de 2012, que foi convertida na Lei 12.766/2012, inserindo os § 2º, 3º e 5º ao art. 6º e codificando a redação dos §§ 1º e 2º, ao art. 7º, da Lei de PPPs, para facultar à Administração Pública a antecipação de recursos ao parceiro privado para que esse realize obras e adquira bens reversíveis.

A inclusão da figura do aporte de recursos cria exceção à regra do art. 7º, da Lei de PPPs, para permitir que a Administração Pública utilize recursos disponíveis e assim reduza o valor final do contrato, na medida em que evita a majoração dos custos financeiros do parceiro privado. Assim, a Administração Pública adianta parte do capex do contrato e diminui o montante que será tomado em crédito pelo parceiro privado, diminuindo a exposição deste aos financiadores e consequentemente o custo do contrato. Para Kleber Luiz Zanchin:

> "Além de reduzir os encargos financeiros do parceiro público, o aporte de recursos pode ajudar a equilibrar a equação econômico-financeira do projeto, na medida em que divide o investimento (capex) entre as partes, diminuindo o montante de recursos que o parceiro privado tem de levantar sozinho. Isso minora a exposição do empreendedor a áleas e tem reflexo direto na taxa de retorno por ele esperada porque, quanto menor a necessidade de capital no início do projeto, menor o prêmio de risco que integra a remuneração do privado. Sob essa ótica, o aporte de recursos representa efetiva parceria entre contratantes da PPP e concretiza as diretrizes de repartição de riscos estabelecidas nos arts. 4º e 5º, da Lei 11.079/2004".[130]

---

[130] ZANCHIN, Kléber Luiz. *Cit.* p. 92.

Ainda que não compartilhemos com o autor da mesma simpatia pela figura do aporte de recursos, é forçoso reconhecer que ela veicula solução que pode atender ao interesse público em situações em que o modelo do contratual apropriado é a PPP, mas que a forma de remuneração não se encaixa integralmente na lógica estabelecida para o modelo. O que se tem com isso é a possibilidade de aproveitamento do arcabouço contratual das PPPs em situações em que se pode equilibrar o custo final do contrato com a antecipação de investimentos.

Vale ressaltar que os valores transferidos ao parceiro privado a título de aporte de recursos deverão custear somente a aquisição ou construção de bens reversíveis, de modo que pagamentos por serviços ainda não prestados continuam vedados sob a regra do art. 7º, da Lei de PPPs.

Ademais, a possibilidade de compartilhamento de investimentos entre a iniciativa privada e a Administração Pública foi adotada no modelo inglês de PPPs, em sede de revisão de sua diretriz para as PFIs. Assim, o modelo inglês passou a estruturação de projetos de PFIs por meio de estruturas menos alavancadas de capital "facilitadas por coinvestimento do setor público, combinado com a melhor alocação dos riscos e remoção de certos riscos operacionais, de modo a facilitar o acesso ao capital de investidores institucionais"[131].

Nesse cenário, ao passo que podemos afirmar que a lógica da estruturação das PPPs é subvertida pela figura do aporte de recursos, por outro lado, ele se apresenta como um mecanismo útil para conciliar a realidade financeira em determinado momento histórico e conjuntura econômica. De todo modo, deve ser tratado como exceção na estruturação de uma PPP. A constatação de disponibilidade de caixa pode a indicar modelo contratual distinto, sobretudo em situações em que as PPPs não são cabíveis em função dos limites negativos acima discutidos – mera construção de obra pública, por exemplo.

---

[131] Idem. P. 93

4. PPPs E ENDIVIDAMENTO

4.1 Considerações iniciais

Conforme exposto no capítulo anterior, as PPPs não se enquadram nas espécies de operações de crédito e, por isso, não devem impactar os limites de endividamento dos entes federados. Ocorre que, de acordo com a própria Lei de PPPs, haverá casos em que os gastos com as PPPs deverão observar os limites e condições da aplicação dos arts. 29, 30 e 32 da Lei de Responsabilidade Fiscal.

Com efeito, nos casos determinados por norma expedida pela Secretaria do Tesouro Nacional (nos termos do art. 25 da Lei de PPPs), a PPP poderá ser considerada um endividamento público. Nesses casos, a contratação da PPP dependerá da observância do regramento do Capítulo VII da Lei de Responsabilidade Fiscal, que compreende justamente os artigos citados no parágrafo *supra*. Nesse cenário, contratar uma PPP que seja considerada endividamento seria o mesmo que contratar uma operação de crédito, sendo obrigatória a observância dos limites de endividamento estatal, descritos no capítulo anterior.

A Portaria STN 614, de 21 de agosto de 2006, é o instrumento editado pela Secretaria do Tesouro Nacional para reger atualmente a consolidação dos contratos de PPPs nas contas públicas[132].

---

[132] Há notícias de que a Secretaria do Tesouro Nacional trabalha em uma nova Portaria. No entanto, por ora, a Portaria STN 614 é o instrumento válido e eficaz a reger a matéria.

Ela é formada por treze artigos e um anexo, no qual veicula nota explicativa. O art. 1º e seu parágrafo único tratam simplesmente da instituição formal, abrangência e extensão das regras da Portaria STN 614 (art. 1º), que será aplicada aos órgãos da Administração Pública direta, aos fundos especiais, às autarquias, às fundações públicas, às empresas públicas, às sociedades de economia mista e às demais entidades controladas direta ou indiretamente[133] pela União, Estados, Distrito Federal e Municípios.

O art. 2º estabelece o princípio geral dos registros contábeis das PPPs para o Poder Público, os quais deverão refletir a essência de sua relação econômica com as sociedades de propósito específico, concessionárias.

3º, 4º e 5º artigos tratam do Ativo Patrimonial, enquanto os artigos 6º e 7º tratam do Passivo Patrimonial. Por fim, os Registros de Ativos e Passivos Contingentes são tratados nos arts. 8º a 10º, restando os arts. 11 a 13 para tratamento das disposições finais.

Toda a sistemática da Portaria STN 614 gira em torno da identificação daquilo que se chamou de *propriedade* do bem objeto da PPP como critério definitivo na sua contabilização. Assim, a definição da essência da relação econômica, conforme determina o art. 2º da Portaria STN 614, supramencionado, estaria na descoberta pelos contadores públicos da propriedade efetiva do bem.

É nesse sentido que a Nota Explicativa, anexa ao texto da Portaria STN 614, menciona (i) o tratamento contábil de contratos considerados no texto como similares às PPPs (*e.g.*, arrendamento mercantil) e (ii) a experiência inglesa. No texto da Nota Explicativa encontra-se menção explícita ao fato de que a identificação da propriedade do ativo, não em sua dimensão legal, mas sim econômica, deverá ser o critério para sua contabilização, *verbis*:

> A definição de "se um parceiro tem a propriedade de um ativo dependerá da distribuição dos benefícios decorrentes daquela propriedade e da correspondente exposição a riscos" (HMT, 1999, item 4.2). Ou seja, a inferência sobre a propriedade do ativo, e por consequência sobre a dívida que permitiu sua aquisição, não reside meramente na dimensão legal de propriedade, mas está relacionada a

---

[133] Vale notar desde já que a letra da Portaria STN 614 não faz distinção entre empresas dependentes e não dependentes, conceito que será de grande valia para a compressão de nosso próximo capítulo, em que trataremos dos impactos orçamentários da contratação de parcerias público-privadas por empresas estatais não dependentes.

critérios econômicos, que devem ser espelhados nos registros contábeis, seguindo assim os exemplos da contabilização do arrendamento mercantil e da SPE[134].

Em linha com a Nota Explicativa anexa à Portaria STN 614, o que se busca é identificar o quanto assegurado em termos de remuneração ao parceiro privado, no caso da materialização de certos riscos, para então dar o tratamento ou não de dívida e respectivos registros contábeis.

Com efeito, os testes estabelecidos pela Portaria STN 614 consistem na verificação da assunção, sempre na perspectiva do parceiro público, de parcela substancial (i) do risco de demanda; (ii) do risco de construção; ou (iii) do risco de disponibilidade.

Para efeito de operacionalização, a Portaria 614 optou por adotar critérios objetivos para a verificação de tais riscos, estipulando que parcela substancial do risco seria considerada imposta ao parceiro público quando este assumisse percentual superior a 40% do risco total.

Essa sistemática decorre da aplicação de modelo semelhante ao que a Eurostat aplicou às PPPs na Europa. Assim explica Felipe Starling, *verbis*:

> À semelhança do modelo contábil europeu para as PPP, a Portaria STN nº 614/2004 evidencia a preocupação com a "essência econômica" das transações em detrimento à dimensão legal (título jurídico de propriedade), utilizando, também, o critério da distribuição dos riscos (demanda, construção e disponibilidade) para definir as hipóteses nas quais o contrato de parceria impactará no endividamento público[135].

Essa inspiração nas regras da Eurostat, que é a entidade responsável pela uniformização dos registros e pela fiscalização da aplicação de regras de contabilidade pública nos países-membros da União Europeia, foi algo explicitamente assumido pelo próprio texto do anexo (Nota Explicativa) da Portaria STN 614.

A Nota Explicativa veicula excerto indicando que a Eurostat:

---

[134] Nota Explicativa, p. 6.
[135] STARLING, Felipe. Limites à contratualização das PPPs cit., p. 8. No mesmo sentido, GUIMARÃES, Fernando Vernalha. *Parcerias* cit., p. 268.

recomenda que o ativo envolvido na PPP seja classificado como não governamental e, portanto, registrado fora do balanço patrimonial do governo se as duas condições abaixo forem satisfeitas: (i) o parceiro privado suportar o risco de construção; e (ii) o parceiro privado suportar pelo menos o risco de disponibilidade e o risco de demanda.

Fica claro, assim, que a opção da Secretaria do Tesouro Nacional pela verificação dos riscos de construção, disponibilidade e demanda decorre do aproveitamento da experiência internacional de países onde a PPP é um instituto mais arraigado.

A Nota Explicativa ainda esclarece que a opção da Eurostat está em linha com:

> a diretriz formulada pelo Reino Unido, de sustentar o registro contábil e fiscal na definição econômica da propriedade, que também seria estabelecida a partir da forma de repartição dos riscos entre os parceiros. Entretanto, ao limitar o espectro de riscos considerados, introduz maior grau de simplicidade para as regras contábeis (e fiscais), na medida em que alicerça a decisão em inferências mais restritas, menos complexas e transparentes.

Diante disso, podemos concluir que a Portaria STN 614 estabelece regras com um *objetivo* bastante claro: a verificação da essência do contrato de PPP. Esse objetivo, conforme dissemos anteriormente, foi explicitado no art. 2º da Portaria STN 614.

O *meio* eleito para a verificação dessa essência do contrato de PPP foi a identificação da *propriedade* atribuída ao concessionário por ocasião da assinatura do contrato de concessão, ou seja, o incremento no patrimônio do privado por meio dos direitos a ele assegurados com a celebração do contrato de concessão.

Por fim, conforme supramencionado, os *instrumentos* eleitos para a identificação da propriedade adquirida pelo parceiro privado com a celebração do contrato de concessão foram os riscos de construção, disponibilidade e demanda. A evidência de que tais riscos estariam alocados ao parceiro público seria sua atribuição em percentual superior a 40%.

Essa breve contextualização pode levar à conclusão de que a Portaria STN 614 seria de simples aplicação. No entanto, há complexidade em sua aplicação prática, que decorre de uma razão bastante evidente, em nosso entendimento: o fato de que as regras definidas pela Portaria STN 614 para identificar quais PPPs devem ser consideradas para fins de contabilização no endividamento público estão fundamentadas em lógica diversa da mera identificação da natureza dos gastos com PPPs, já que, conforme vimos no Capítulo 2, *não há relação direta entre a classificação do gasto público e sua classificação como dívida* nas PPPs.

Dessa forma, a seguir enfrentaremos o tema, tendo como norte o próprio texto da Portaria STN 614, o qual inclui sua Nota Explicativa, e alguns poucos trabalhos esparsos que se dedicaram ao tema.

No mais, vale, desde já, fazer um esclarecimento: nossa análise tem cunho jurídico, de modo que buscaremos nos ater aos elementos tratados pelos profissionais do direito na aplicação da Portaria STN 614.

4.2 O risco nas PPPs

Conforme dissemos anteriormente, o instrumento eleito pela Portaria STN 614 para identificação da propriedade do parceiro privado foi justamente a análise da alocação dos riscos no contrato de PPP.

Assim, para nos apropriarmos da matéria a ser discutida, precisamos primeiramente indicar o que entendemos por risco, o que não é tarefa fácil, dada a necessidade de uma análise multidisciplinar sobre o tema.

Niklas Luhmann esclarece que não há um significado uníssono para *risco* e que as áreas que aplicam esse termo tendem a ficar satisfeitas com o estabelecimento de parâmetros aplicáveis ao contexto de cada uma delas[136]. Para Luhmann, um caminho para a definição de risco seria a partir da distinção entre *risco* e *perigo*. O risco equivaleria a eventos cuja ocorrência se dá por decisões pessoais, enquanto o *perigo* dependeria da ocorrência de causas externas[137].

Anna Beatriz Savioli nos explica que, sob uma perspectiva econômica de Frank H. Knight, "o risco corresponde a um evento provável, cuja expec-

---

[136] LUHMANN, Niklas. *Risk*: a sociological theory. Berlim/New York: Walter de Gruyter, 1993. p. 5-6.
[137] Idem, p. 14-16.

tativa de ocorrência pode ser calculável, em contraposição à incerteza, na qual o evento é tão único que não há possibilidade de se estabelecer uma avaliação de sua probabilidade de ocorrência"[138].

Nessa mesma linha, Kléber Luiz Zanchim explica que:

> a substância – o que é em si e se concebe por si, no sentido de Spinoza –, é o aleatório e tem duas dimensões. Uma podemos prever, com auxílio de diversas técnicas e da experiência. Outra, contudo, está no campo do desconhecido. Somente chegamos à segunda pela primeira. Pode-se dizer que risco e incerteza são elementos do aleatório. Retirado o risco, que se conhece, resta a incerteza que se desconhece[139].

Esses elementos nos dão, como Luhmann já nos adiantou, os parâmetros ou diretrizes necessários para tratar o risco sob o ponto de vista jurídico e, sobretudo, dos contratos de longo prazo celebrados pela Administração Pública no Brasil. Assim, risco seria aquele evento aleatório passível de previsão probabilística dentro de uma determinada relação contratual.

A alocação de riscos é, assim, a divisão entre as partes dos ônus e bônus que podem surgir em decorrência da materialização de determinado evento. A ocorrência de tais eventos sempre poderá ser calculada, por isso trata-se de riscos e não de incertezas.

Com efeito, o tema da alocação de riscos nos contratos com a Administração Pública no Brasil não é novo e seu entendimento tampouco é pacífico, sobretudo no tema dos contratos de concessão comum, aqueles regidos

---

[138] *Alocação de riscos e equilíbrio econômico-financeiro das PPPs*. Tese de Láurea. São Paulo: USP, 2013. p. 25.
[139] ZANCHIM, Kleber Luiz. *Contratos de parceria público-privada (risco e incerteza)*. São Paulo: Quartier Latin, 2012. p. 41.

precipuamente pela Lei de Concessões[140-141]. A divergência tem seu núcleo no art. 2º, inc. II, da Lei de Concessões, o qual define concessão de serviço público como "a delegação de sua prestação, feita pelo Poder Concedente, mediante licitação, na modalidade concorrência, à pessoa jurídica ou consórcio de empresas que demonstre capacidade para seu desempenho, *por sua conta e risco* e por prazo determinado" (grifamos).

Em razão da expressão *por sua conta e risco*, estabeleceu-se a ideia de que em um contrato de concessão comum caberia ao concessionário a assunção de todos os riscos inerentes ao objeto concedido, incluindo-se aí, *exempli*

---

[140] O tratamento do tema em sede de contratos regidos pela Lei de Licitações (*e.g.*, contratos de empreitada) normalmente se resolve pelo entendimento de que eventos imprevisíveis ou previsíveis, mas de consequências incalculáveis, seriam todos riscos da Administração Pública. A materialização desses eventos convencionados como eventos de álea extraordinária, em oposição à álea ordinária, significando os eventos usuais esperados para determinada atividade, seria tratada com o remédio do reequilíbrio econômico-financeiro do contrato pela Administração Pública, com fundamento nas hipóteses inscritas no art. 65 da Lei de Licitações. Sobre esse entendimento, expõe Fernando Vernalha Guimarães: "a previsão legal dessas hipóteses (inscritas no art. 65 da Lei n. 8.666/93), como regras injuntivas, impediu (como impede) que a Administração e o contratado dispusessem dessas situações no plano do contrato. A álea extraordinária estaria sempre protegida pelo âmbito tutelar do princípio da equação econômico-financeira do contrato, sendo, então, indiferente a pactuação das partes quanto a isso. Eventual deslocamento de riscos extraordinários à esfera das de responsabilidade do contratado poderia traduzir ofensa à força jurídica injuntiva da regra (*Parceria* cit., p. 304). Em sentido diverso: RIBEIRO, Maurício Portugal; PRADO, Lucas Navarro. *Comentários à Lei de PPPs* cit., p. 122. Também, Floriano de Azevedo Marques Neto indica a ideia de que "nem na empreitada é o regime de execução imune a riscos para o particular (em tese, riscos previsíveis seriam por ele assumidos)" (As parcerias público-privadas no saneamento ambiental. *Parcerias público-privadas* cit., p. 284).

[141] O aprofundamento sobre esse tema requer a leitura da obra de Marcos Augusto Perez. O autor esclarece as mutações na definição clássica de concessão de serviço público, para colocar em evidência a desnecessidade de a expressão "por conta e risco" integrar o núcleo de tal definição. Marcos esclarece que: "a concessão nunca se dá por conta e risco exclusivos do concessionário. Mesmo sob o enfoque da doutrina tradicional das áleas na concessão, a administração pública assume riscos extraordinários do empreendimento. Ainda que admitíssemos, teoricamente, a transferência dessas áleas extraordinárias ao concessionário, restariam, nessa hipótese, sob responsabilidade do concedente, os riscos relacionados às matérias nas quais, por força legal, vigora a responsabilidade solidária entre concessionário e concedente (o risco relacionado ao cumprimento das normas ambientais, o risco de responder pelos prejuízos trabalhistas ou previdenciários provocados pelo concessionário – por exemplo, em caso de quebra do concessionário –, entre outros)" (*O risco no contrato de concessão de serviço público*. Belo Horizonte: Fórum, 2006. p. 186). No mesmo sentido, conferir MONTEIRO, Vera. *Concessão* cit., p. 165-170.

gratia, os riscos de construção, disponibilidade e demanda, entre outros tantos que podem afetar o negócio. No entanto, mais do que uma discussão meramente acadêmica, os contratos de concessão comum celebrados contradizem a ideia de que todos os riscos inerentes à concessão seriam suportados pelos concessionários.

Veja-se que, conforme anota Jacintho Arruda Câmara, as decisões estratégicas da concessão são geralmente assumidas pelo Poder Concedente, de modo que os riscos advindos de tais atribuições não poderiam ser assumidos pelos concessionários[142]. Assim, a expressão *por sua conta e risco* carrega em si uma contradição com o próprio instituto da concessão.

Seria por sua conta e risco o contrato em que o concessionário pudesse eleger sem qualquer ingerência do Poder Concedente elementos essenciais à prestação do serviço, tais como (i) a forma, (ii) o preço, (iii) o mercado consumidor e (iv) a possibilidade de interrupção dos serviços em função de interesses econômicos. Ora, não é assim que ocorre, pois a concessão deve obedecer aos princípios da (i) eficiência, (ii) modicidade tarifária, (iii) generalidade ou universalidade e (iv) continuidade, entre outros, e na forma do art. 6º, § 1º, da Lei de Concessões. Por essa razão, Maria Sylvia Zanella Di Pietro esclarece que, em função da incidência de tais princípios, a conciliação da ideia de risco na concessão não é tarefa fácil[143].

Nosso entendimento sobre o tema acompanha a lição que os anos de investigação das concessões nos trouxeram: a alocação de riscos é inerente à elaboração de um contrato de concessão.

A necessidade de o parceiro privado precificar sua proposta para a prestação de um determinado serviço público sob o regime de concessão requer inevitavelmente a avaliação dos riscos a ele alocados. A matéria tem sido assim tratada em capítulos específicos dos contratos de concessões mais recentes. Apenas como exemplo, a recente concessão das infraestruturas aeroportuárias pelo Governo Federal veiculou cláusula de alocação de riscos pela qual, por exemplo, o risco de dano ambiental foi tratado e limitado.

Nesse sentido, entendemos que a concessão comum, a exemplo do que ocorre nas PPPs, é passível de repartição de riscos, o que também atinge a informação veiculada na Nota Explicativa (p. 8) da Portaria STN 614, pela qual, "tradicionalmente, os contratos de concessão no Brasil determinam

---

[142] CÂMARA, Jacintho Arruda. Concessão de serviços públicos e as parcerias público-privadas. In: SUNDFELD, Carlos Ari. *Parcerias* público-privadas. São Paulo: Malheiros, 2005. p. 164.
[143] DI PIETRO, Maria Sylvia Zanella. Parcerias..., 6ª edição, p. 155.

que os riscos de demanda sejam integralmente assumidos pelo concessionário, sendo vedada sua transferência aos usuários".

A menção equivocada, no entanto, não nos parece atrapalhar as conclusões e o caminho eleito pela STN para verificação dos riscos dos contratos de PPPs. A substantiva diferença entre as PPPs e as concessões comuns está no fato de que estas não geram custos para o Poder Concedente, enquanto aquelas podem gerar vultosos desembolsos, o que justifica seu controle do ponto de vista orçamentário, aqui debatido.

Se existe discussão acerca da alocação de risco nos contratos de concessão comum, o tema é pacífico com relação às PPPs. Isso por força do que preveem os arts. 4º, inc. VI, e 5º, inc. III, da Lei de PPPs, segundo os quais os contratos de PPPs deverão prever a repartição de riscos entre as partes.

No nosso entender, a repartição dos riscos é algo inerente às avenças de grande vulto que são contratadas sob a roupagem jurídica das PPPs. Para Kleber Luiz Zanchim, as PPPs consolidam "uma evolução nas opções contratuais do Estado brasileiro: contrato administrativo – contrato de concessão – contrato de PPP. No primeiro, a ideia era suprir as demandas do Estado. No segundo, universalizar os serviços públicos. No terceiro, completar o trabalho saneando os 'gargalos de infraestrutura' do país"[144]. O raciocínio do autor o leva a concluir que as PPPs não comportam as cláusulas exorbitantes inerentes aos contratos de concessão. Longe dessa questão, entendemos que a gradação feita pelo autor é válida para demonstrar a especificidade dos contratos de PPP no âmbito das necessidades da Administração Pública e demonstrar, por via reflexa, que a repartição do risco em matéria de PPP é fundamental.

Assim, os riscos envolvidos na consecução do objeto de uma PPP devem ser alocados à parte que tiver melhores condições de absorvê-los. Por melhores condições de absorver o risco entenda-se a condição de prevenir ou remediar o evento com menores custos.

Marcos Barbosa Pinto esclarece que, "sempre que não for claro qual é a alocação de riscos mais eficiente, devem-se alocar os custos para a parte sobre a qual eles recaem naturalmente. A razão subjacente a essa diretriz é simples: é mais barato deixar as coisas como estão do que alterá-las"[145].

Nesse sentido, explica Fernando Guimarães Vernalha que:

---

[144] ZANCHIM, Kleber Luiz. cit., p. 81.
[145] BARBOSA PINTO, Marcos. Ob. cit. p. 170.

com a alocação eficiente de riscos, gera-se um incentivo econômico para a parte vocacionada à sua melhor gestão, com vistas a evitar a ocorrência da contingência e a minimizar os danos que decorrem de sua materialização. Coíbem, além disso, condutas oportunísticas geradas pelo desalinhamento de interesses[146].

Pois bem, diante dessa realidade de necessidade de alocação de riscos entre os parceiros públicos e privados nos contratos de PPPs, alguns riscos, eleitos pela Portaria STN 614, teriam papel fundamental na contabilização de parcela relevante dos dispêndios com as PPPs como endividamento público. São eles: risco de construção, risco de disponibilidade e risco de demanda.

4.3 Aplicação da Portaria STN 614

Visto o contexto do risco nos contratos de PPPs, passemos a verificar a sistemática empregada pela Portaria STN 614 na classificação dos contratos de PPP.

4.3.1 Risco de construção

Por risco de construção devemos entender o risco associado a variações nos principais custos referentes à constituição ou manutenção do bem utilizado na parceria (Nota Explicativa da Portaria STN 614).

Os elementos que podem impactar o custo da constituição ou construção e manutenção do bem (normalmente uma obra de bem público) estão geralmente associados ao projeto, às características geológicas do local da construção, aos custos de insumos, ao prazo de construção e ao início da operação[147]. Este último elemento usual do risco de construção (o início da operação), no entanto, pela sistemática da Portaria STN 614, foi entendido como o núcleo do risco de disponibilidade, que será objeto de nossa análise na sequência.

Feitas essas considerações sobre o risco de construção, podemos identificar que muitos dos seus elementos já possuem uma alocação natural

---

[146] GUIMARÃES, Fernando Vernalha. *Parcerias* cit., p. 297.
[147] ZANCHIM, Kleber Luiz. *Contratos de parceria público-privada (risco e incerteza)* cit., p. 115.

decorrente do próprio texto da Lei de PPPs. É o caso sobretudo da elaboração do projeto.

Isso porque, no caso da confecção do projeto, o art. 10, § 4º, da Lei de PPPs indica que o objeto da PPP poderá ser licitado com estudos de engenharia em nível de detalhamento de anteprojeto.

Ora, essa previsão busca claramente permitir que a Administração Pública aloque a obrigação de confecção dos projetos básico e executivo de engenharia ao parceiro privado. Essa obrigação trará consigo o risco do projeto de engenharia. Havendo eficiências na confecção e no custo do projeto, o parceiro irá, então, se apropriar delas, da mesma forma que defeitos no projeto gerarão o dever de reparação pela concessionária.

Vale lembrar que, sob a lógica de Lei de Licitações, o responsável pelo projeto não pode participar da licitação para a construção da obra. Assim, o risco de projeto nas empreitadas tradicionais é, por determinação legal, um risco atribuído à Administração Pública. Nesses contratos, caso o projeto apresentasse defeitos, como o subdimensionamento de algum insumo, esse custo acarretaria o direito de o privado requerer o reequilíbrio econômico financeiro do seu contrato. Veja-se, assim, que a Lei de PPPs insere mecanismo que permite e, em nossa opinião, sugere o deslocamento do risco do projeto ao parceiro privado.

No mesmo sentido, mas com fundamento em dispositivo legal distinto, os riscos associados ao término da obra são essencialmente alocados ao privado, na medida em que a Lei de PPPs, como já dito, emprega sistemática pela qual o pagamento da contraprestação pública pelo Poder Concedente apenas poderá ser feito com a conclusão das obras, nos termos do art. 7º da Lei de PPPs. Esse fundamento também será importante para a análise do risco de disponibilidade.

Ademais, outro componente do risco de construção que tende a ser alocado ao parceiro privado é o risco de custo dos insumos. A proposta econômica oferecida na licitação é vinculante, de modo que os licitantes devem honrar o valor apresentado, sob pena de serem declarados inidôneos, por força do art. 81, *caput*, c/c art. 87[148] da Lei de Licitações. Assim,

---

[148] No texto da Lei de Licitações, por força do art. 81, se o adjudicatário se recusa injustificadamente a assinar o contrato, ele estará sujeito às penas cominadas pelo art. 87, que vão desde a advertência até a declaração de inidoneidade. Por essa razão, pode-se afirmar que o licitante é responsável e toma o risco do preço que oferece. Caso tenha precificado de forma equivocada, terá de suportar o ônus da precificação incorreta ou da aplicação, pela Admi-

os ônus e bônus da precificação de insumos tendem a ser suportados ou gozados pelos parceiros privados.

Nesse ponto, parece haver confusão quando o preço do insumo é classificado como um risco compartilhado entre as partes, com fundamento em cláusula de reajuste do contrato de PPP. A nosso ver, essa interpretação é no todo equivocada. O risco tratado pela cláusula de reajuste não é o do custo dos insumos, mas sim risco inflacionário.

Esse risco inflacionário que deve ser alocado ao Poder Concedente, por força do princípio da manutenção do equilíbrio econômico-financeiro dos contratos[149], insculpido no art. 37, inc. XXI, da Constituição Federal, não se confunde com o risco de construção. Conforme veremos a seguir, as

nistração Pública, das sanções à sua disposição. Vejamos os textos dos artigos mencionados apenas a título de referência: "Art. 81. A recusa injustificada do adjudicatário em assinar o contrato, aceitar ou retirar o instrumento equivalente, dentro do prazo estabelecido pela Administração, caracteriza o descumprimento total da obrigação assumida, sujeitando-o às penalidades legalmente estabelecidas" (...) "Art. 87. Pela inexecução total ou parcial do contrato a Administração poderá, garantida a prévia defesa, aplicar ao contratado as seguintes sanções: I – advertência; II – multa, na forma prevista no instrumento convocatório ou no contrato; III – suspensão temporária de participação em licitação e impedimento de contratar com a Administração, por prazo não superior a 2 (dois) anos; IV – declaração de inidoneidade para licitar ou contratar com a Administração Pública enquanto perdurarem os motivos determinantes da punição ou até que seja promovida a reabilitação perante a própria autoridade que aplicou a penalidade, que será concedida sempre que o contratado ressarcir a Administração pelos prejuízos resultantes e após decorrido o prazo da sanção aplicada com base no inciso anterior".

[149] Na lição sempre atual e precisa do Professor Celso Antônio Bandeira de Mello, a cláusula de reajuste de preços, nos contratos administrativos, é corolário irremediável do princípio da manutenção do equilíbrio econômico-financeiro dos contratos. Vejamos: "(...) fica explícito no ajuste o propósito de garantir com previdência a equação econômico-financeira, na medida em que se renega a imutabilidade de um valor fixo e se acolhe, como um dado interno à própria avença, a atualização do preço. (...) Parece claro a todas as luzes que nestes casos a intenção traduzida no ajuste é a de buscar equivalência real entre as prestações e o preço. Em suma: o acordo de vontades, no que atina à equação econômico-financeira, em interpretação razoável, só pode ser entendido como o de garantir o equilíbrio correspondente ao momento do acordo, de sorte a assegurar sua persistência, prevenindo-se destarte o risco de que contingências econômicas alheias à ação dos contratantes escamoteiem o significado real das prestações recíprocas. (...) Nos contratos administrativos com cláusula de reajuste este se reporta a índices oficiais que deverão reproduzir a real modificação deles. À Administração não é dado manipulá-los, ou por qualquer modo viciá-los em detrimento do contratante. Até porque, se atuar deste modo, estará se desencontrando com sua real finalidade e perseguindo interesses secundários assintônicos com os interesses públicos primários" (*Curso de direito administrativo* cit., p. 674-675).

diretrizes que a Portaria STN 614 estabelece para a compreensão do que seja risco de construção deverão ser interpretadas levando-se em conta esse paradigma constitucional.

Por fim, outro elemento que geralmente compõe o risco de construção é o risco geológico. Na lógica da Lei de Licitações, esse risco, a exemplo do que acontece com o risco de projeto, também seria alocado à Administração Pública. Isso porque, se o projeto não tiver sido capaz de indicar a dificuldade geológica encontrada na execução, a materialização da dificuldade maior encontrada será reputada à qualidade do projeto provido pela Administração Pública. Caso o projeto não tenha identificado por razões além do controle do projetista, o risco, então geológico, será caracterizado como de álea extraordinária e, portanto, na sistemática da Lei de Licitações, de responsabilidade da Administração Pública.

No caso das PPPs, o risco geológico poderá ser alocado ao parceiro privado, sobretudo se ao privado é dada a responsabilidade de executar o projeto de engenharia. Assim, seria mais natural que o privado, que terá de realizar os estudos e sondagens iniciais, fosse o responsável pelo risco geológico. No entanto, essa não poder ser uma regra geral.

Caso a obra seja complexa e envolva grau de incerteza elevado sobre a geologia do terreno, entendemos que o mais prudente seria alocar esse risco à Administração Pública, que terá melhores condições de arcar com os eventuais custos da materialização do risco.

Assim, no caso de obras de túneis e grandes escavações, a tendência é que a Administração Pública mantenha para si o risco geológico. Os recursos privados para a remediação do risco geológico tendem a ser insuficientes – a troca de tecnologia para escavar um túnel de metrô em razão da composição do solo distinta do que as sondagens indicavam tende a elevar em demasia o custo da obra, o que demonstra que somente a Administração Pública teria condições de remediar esse risco.

Dito isso e passando à análise do texto da Portaria STN 614, a primeira impressão é de que nela a análise do risco de construção está concentrada nos elementos relativos ao projeto, aos custos de insumos e ao prazo de entrega. Não houve menção expressa ao risco geológico, mas ele, de certa forma, poderá impactar os prazos de entrega. O início da obra foi tratado como risco de disponibilidade, conforme mencionamos *supra* e veremos de maneira mais detalhada a seguir.

De acordo com o art. 4º, § 1º, inc. II, da Portaria STN 614, "define-se o risco de construção como sendo a variação dos principais custos referentes à constituição ou manutenção do bem". Essa definição, veiculada no texto da Portaria STN 614, pouco nos ajuda sem as considerações de sua Nota Explicativa.

De acordo com a Portaria STN 614, a identificação do risco de construção dependerá de "avaliações qualitativas quanto ao grau de especificação das características do bem estabelecido pelo parceiro público".

Desse modo, o que a Portaria STN 614 diz é que, quanto maior o detalhamento oferecido pelos documentos técnicos e de engenharia integrantes da licitação, maior será a evidência de comprometimento do parceiro público com a construção do projeto e, portanto, maior será o percentual do risco de construção por ele assumido.

Ainda nessa linha, para a Portaria STN 614:

> consideram-se especificações das características do bem, dentre outras, as referências às mesmas contidas nas condições contratuais de aceitação do bem, restrições à discrição do parceiro privado na elaboração de seu desenho ou projeto, em especial que não se coadunem com padrões técnicos usuais, ou que envolvam escolha de alternativas técnicas.

Inversamente, a evidência de risco alocado ao concessionário se encontra na identificação de linguagem contratual que assegure a ele margem de decisão sobre as tais especificações características do bem. Vale notar que a existência de exigências de que os serviços sejam prestados dentro de padrões estabelecidos no contrato de concessão não impedirá que o pêndulo da alocação de riscos esteja direcionado ao privado, desde que a ele seja garantida margem de escolha sobre as especificações técnicas do bem.

Veja-se que essa diretriz da Portaria STN 614, quanto ao risco do projeto, reafirma a tese, supramencionada, de que nas concessões comuns os concessionários não operam por conta e risco, mas, sim, em função dos parâmetros a eles estabelecidos pelo Poder Concedente, que significam, em última análise, a alocação de riscos à Administração Pública, já que o concessionário não poderá responder por projeto pelo qual não tenha sido responsável. Ora, se o projeto é da Administração Pública, as premissas técnicas por ela estabelecidas são no todo vinculantes do comportamento do concessionário que não poderá assumir o risco materializado em função da obediência a essas diretrizes.

De acordo com a Portaria STN 614, outro indício de alocação do risco de construção, pelo contrato de PPP, ao parceiro público, é a existência de cláusulas contratuais que atribuem ao Poder Concedente a "responsabilidade pelos encargos financeiros decorrentes de atrasos ou aumentos de custos de construção ou reforma do bem, assim como o repasse de custos de reparos e outros custos de manutenção do bem".

Nessa diretriz da Portaria STN 614 há pelo menos dois dos elementos que integram o risco de construção, conforme já indicamos. Trata-se dos riscos de (i) custo de insumos e (ii) prazo de construção. De fato, diante da possibilidade, dada pela Lei de PPPs, de alocar os riscos do projeto de maneira objetiva e conforme as peculiaridades identificadas, seria possível compartilhar esses dois riscos entre a Administração Pública e o parceiro privado.

No entanto, é forçoso concluirmos que a tendência é de que o risco de custo de insumos seja sempre alocado ao parceiro privado, que é quem, em última análise, apresenta sua oferta, após prazo suficiente para carrear pesquisa no mercado (fato que também é prática reiterada em função da disposição da Lei de Licitações, supramencionada).

Ademais, o risco relativo à entrega do bem no prazo parece ser um ponto de transição para a análise do risco de disponibilidade, o qual, conforme veremos, está baseado no início da operação da PPP, que, por sua vez, está vinculada à entrega (ainda que parcial) do bem, nos termos do art. 7º da Lei de PPPs. De qualquer forma, por ser uma exigência da Lei de PPPs que o bem esteja disponível para o início da remuneração do parceiro privado, tendemos a enxergar uma tendência natural à alocação do risco do prazo de construção ao parceiro privado.

Nesse cenário, o atraso e o repasse de custos imputáveis ao Poder Concedente adviriam essencialmente da assunção por ele do risco geológico do local do empreendimento, o que se demonstra razoável em obras de técnica construtiva mais arriscada.

Por fim, a Portaria STN 614 indica que a "adoção de cláusula contratual de reajuste das contraprestações devidas pelo parceiro público que contenha repasses de custos setoriais" configuraria a alocação de risco de construção ao Poder Concedente. Conforme mencionamos anteriormente, a atualização dos valores da contraprestação em função da inflação não pode ser considerada como compartilhamento ou alocação ao Poder Concedente de risco de construção, já que se trata de hipótese de risco inflacionário – de corrosão do valor da moeda nacional.

Nesse sentido, a existência de cláusula de reajuste das contraprestações que tem como parâmetros um pacote de índices setoriais com pesos distintos não deveria ser considerada como alocação de risco de construção se a intenção desse índice é mitigar os efeitos deletérios da inflação[150].

Tendo isso em mente, a interpretação mais correta do excerto contido na Portaria STN 614 deveria ser no sentido de que os reajustes mencionados, que evidenciariam a transferência do risco de construção, teriam por objetivo transferir custos fora da regra inflacionária. Note-se que, por

---

[150] Veja-se que até os contratos de empreitada tradicionais têm cláusulas de reajuste. Marçal Justen Filho nos explica que "o reajuste contratual consiste na indexação dos preços contratuais, submetendo-os à variação periódica e automática segundo a flutuação de índices predeterminados. Os índices refletem a variação de preços e a inflação. Sua variação produz a presunção absoluta de quebra do equilíbrio econômico-financeiro e acarreta a alteração dos valores contratuais proporcional à variação dos índices. O reajuste de preços dispensa as partes de promover demorados levantamentos acerca dos fatos e de seus efeitos e não se subordina à necessidade de comprovação de eventos extraordinários. O reajuste é instituto jurídico cuja adoção e adequação se relacionam especificamente com a inflação" (*Comentários à Lei de Licitações*. 16. ed. São Paulo: RT, 2014. p. 555-556). No mesmo sentido, Floriano de Azevedo Marques Neto explica que "reajuste ou atualização é a reposição da equivalência monetária de um preço previamente estipulado num contrato. É a reposição, ao fim de um período pré-determinado, do poder de compra de uma prestação mediante a aplicação de um índice que as partes, contratualmente, acreditam ser adequado a aferir a corrosão do seu poder de compra geral ou específico. No reajuste, as partes não apenas pactuam a regra de atualização e sua periodicidade, mas avençam, também, um determinado critério (índice ou fórmula) cuja aplicação torna-se automática e devida após o transcurso do prazo ajustado. Normalmente o reajuste não envolve discussões, demonstrações ou concordância entre as partes. Decorre da singela aplicação de uma cláusula contratual (cláusula de reajuste). O reajuste tem natureza contratual e no mais das vezes aplicação automática. Por óbvio, se presta a manter o equilíbrio econômico e financeiro do contrato. (...) O reajuste de preços pode servir para neutralizar tanto as variações do poder geral de compra (quando cuidar de reajuste mediante a aplicação de índices econômicos em geral) quanto para neutralizar a variação específica de custos (mediante a previsão de aplicação de índices setoriais, mais aptos a aferir variações nos custos dos insumos específicos incidentes sobre a cadeia de produção do bem ou serviço). Porém, tanto num quanto no outro, pressupõe estipulação prévia de reposição de um porcentual de variação em quantidade a ser aferida no período de incidência" (MARQUES NETO, Floriano de Azevedo. Reajuste e revisão nas parcerias público-privadas: revisitando o risco nos contratos de delegação. In: SOUZA, Mariana Campos de (coord.). *Parceria público-privada*: aspectos jurídicos relevantes. São Paulo: Quartier Latin, 2008. p. 53-85).

força da Lei do Plano Real, os reajustes somente poderão ser feitos após um ano da assinatura do contrato.

Outra interpretação possível, mas que nos parece menos razoável do que a anterior, seria a de que os índices a serem utilizados para medir a corrosão imposta pela inflação não poderiam ser compostos por índices setoriais, tais como o Índice Nacional de Custo de Construção – INCC, mas apenas por aqueles que se destinam a medir o impacto da inflação da economia como um todo, como seria o caso do Índice Geral de Preços do Mercado – IGPM.

A identificação desses elementos do risco de construção pelo contrato de PPP dará a dimensão do percentual do risco de construção alocado ao Poder Concedente. De qualquer forma, a Portaria STN 614 indica que o risco de construção será considerado um risco efetivamente alocado ao Poder Concedente, levando-o ao registro da PPP em seu balanço, quando ultrapassar 40% (art. 4º) da exposição ao risco de construção, identificado quando o Poder Concedente garantir ao parceiro privado compensação de pelo menos 40% em relação ao custo original contratado ou 40% em relação à variação do custo que exceder ao valor originalmente contratado.

Pois bem, entendidos os contornos do risco de construção e seu tratamento pela Portaria STN 614, passemos à análise do risco de disponibilidade.

4.3.2 Risco de disponibilidade

De acordo com o art. 4º, § 1º, inc. III, da Portaria STN 614, define-se risco de disponibilidade (ou não disponibilização do bem, nos termos da própria portaria) "como sendo o fornecimento do serviço em desacordo com os padrões exigidos ou desempenho abaixo do estipulado".

A Nota Explicativa da Portaria STN 614 fornece maiores elementos para a identificação da alocação do risco de disponibilidade no contrato de PPP, vejamos:

> Considera-se que este risco incida sobre o parceiro privado quando este for penalizado por não estar apto a oferecer o volume de serviços contratualmente estabelecido, satisfeitas normas gerais de segurança ou outros padrões operacionais relacionados à prestação do serviço ao parceiro público ou aos usuários finais, inclu-

sive aqueles contratualmente definidos, resultando em deficiência de desempenho.

A leitura do excerto *supra* nos auxilia a concluir que a alocação do risco de disponibilidade a parceiro privado significa penalizá-lo pela ausência de prestação dos serviços previstos no contrato de PPP, nos padrões exigidos no próprio contrato de PPP, em função de defeitos relativos às características mínimas exigidas para o bem, objeto da PPP. Nesse sentido, a Nota Explicativa da Portaria STN 614 é bastante clara ao indicar que a indisponibilidade se materializa em situações de (i) não conformidade do bem, por qualquer razão imputável contratualmente ao parceiro privado (*culpa*) ou (ii) não conformidade do bem aos padrões mínimos, estabelecidos por lei, decreto ou regulamento, de segurança, operacionais ou de qualidade (*independente de culpa do parceiro privado*).

De acordo com a Nota Explicativa da Portaria STN 614, "a penalização do parceiro privado poderá se traduzir na redução, de maneira significativa, das contraprestações em razão da deficiência do bem ou serviço, proporcionalmente ao grau dessa indisponibilidade, concomitante ou não à aplicação de multas ao parceiro privado". Tem-se, pois, que a alocação do risco de disponibilidade será identificada justamente pela avaliação do comprometimento da contraprestação pública em face de eventos que impeçam o uso do bem construído ou reformado no escopo da PPP pelo seu usuário.

Outro aspecto relevante dessa regra da Portaria STN 614 está no fato de que o efeito da alocação de risco de disponibilidade se concentra na variação da contraprestação pública, e não na aplicação de penalidades contratuais. Tais penalidades, como visto no excerto *supra*, podem ou não ser aplicadas de maneira cumulativa às deduções na contraprestação pública, estas sim fundamentais para a caracterização da alocação do risco de disponibilidade ao parceiro privado.

A Nota Explicativa da Portaria 614 ainda deixa claro que a penalização (redução da contraprestação a ser paga) "não se confunde com a penalização pela não prestação do serviço, estando o bem disponível nas condições contratuais da operação". Essa regra é de grande relevância para a modelagem do risco de disponibilidade em contratos de PPP. Isso porque a aplicação de redutores na contraprestação pública em função da prestação inadequada dos serviços não caracterizará alocação de risco de disponibilidade ao parceiro privado. Vejamos um exemplo.

Uma PPP cujo objeto é a construção e operação de um hospital público, incluindo a prestação de serviços de apoio à atividade clínica[151], a ausência de leitos disponíveis, em razão da manutenção defeituosa do sistema de condicionamento de ar, o qual, nos termos do contrato de PPP, deveria estar funcionando em regime integral, será um elemento que materializa o risco de disponibilidade, nos termos previstos na Portaria STN 614. Identificar se tal risco foi alocado ao parceiro privado é um exercício de interpretação do próprio contrato de PPP se haverá redução e qual a extensão dessa redução na contraprestação pública, em função da materialização de tal evento.

De forma reflexa, a ausência de prestação de serviços aos usuários do mesmo hospital por razão outra que não um defeito ligado às características mínimas do hospital não será considerada um risco de disponibilidade. A greve de funcionários, que reivindicam melhores salários, seria um bom exemplo de evento que não estaria relacionado ao risco de disponibilidade – a greve de funcionários por razões de calamidade na estrutura do prédio onde funciona o hospital, de alguma forma, refletiria a materialização do risco de disponibilidade.

Mais um aspecto relevante dos contornos do risco de disponibilidade dados pela Portaria STN 614 é o fato de que o início das operações é considerado componente deste risco, e não do risco de construção, como dissemos anteriormente. Assim, de acordo com a compreensão da Portaria STN 614, o início da operação seria um compromisso de disponibilidade do bem contratual.

A esse respeito, apesar de o início da operação poder ser também considerado um elemento do risco de construção, entendemos que a Portaria STN 614 andou bem, aproximando-se da dicção do que prevê o art. 7º da Lei de PPPs. Vale mencionar novamente que a regra do art. 7º da Lei de PPPs já mitiga de maneira bastante expressiva a possibilidade de a Administração Pública assumir o risco de disponibilidade. Isso porque, pelo menos em regra (come exceção da figura do *aporte de recursos*), o parceiro privado somente poderá receber as contraprestações públicas após a dis-

---

[151] Com relação a esse ponto, há discussão relevante sobre a possibilidade de prestação das atividades clínicas pelo parceiro privado. Ver SANT'ANNA, Lucas de Moraes Cassiano *et al*. PPPs na área da saúde – a rede de atenção básica de Belo Horizonte e o Hospital do Subúrbio de Salvador. In: DAL POZZO, Augusto Neves *et al*. *Parcerias* público-privadas. Belo Horizonte: Fórum, 2014. p. 371-382.

ponibilização do serviço, objeto da PPP, significando o necessário início da operação do bem. Essa sistemática imposta pela Lei de PPPs, no nosso entendimento, já afastaria automaticamente percentual relevante do risco de disponibilidade ao parceiro privado.

A alocação de pelo menos 40% do risco de disponibilidade à Administração Pública fará que a PPP impacte as contas públicas para fins de cálculo de endividamento. A variação da contraprestação será o "termômetro" para o cálculo do percentual de alocação de risco, de modo que, nos termos do art. 4º, § 1º, inc. III, da Portaria STN 614, a garantia de pagamento de pelo menos 40% da contraprestação independente da prestação do serviço objeto da PPP em desacordo com as especificações contratuais indicará a assunção do risco de disponibilidade pela Administração Pública.

Verifiquemos, então, os contornos do risco de demanda.

4.3.3 Risco de demanda

Nos termos do art. 4º, § 1º, inc. I, da Portaria STN 614:

> define-se o risco de demanda como o reflexo na receita do empreendimento da possibilidade de que a utilização do bem objeto do contrato possa ser diferente da frequência estimada do contrato, desconsideradas as variações de demanda resultantes de inadequação ou qualidade inferior dos serviços prestados, qualquer outro fator de responsabilidade do parceiro privado que altere sua qualidade ou quantidade ou ainda eventual impacto decorrente de ação do parceiro público.

A redação da Portaria STN 614, nesse caso, esclarece bastante acerca do que se trata o risco de demanda. Em verdade, ele é de simples compreensão: variação na frequência de uso dos serviços em desacordo com as projeções iniciais do projeto, que geraram a proposta feita pelo licitante vencedor, o parceiro privado. Excluem-se desse risco as variações resultantes de não cumprimento dos padrões mínimos exigidos no contrato.

Assim, se o serviço é prestado de maneira defeituosa pelo parceiro privado e, em razão desses defeitos, a frequência de usuários é reduzida, essa variação não pode ser atribuída à materialização do risco de demanda, mas sim à inexecução contratual pelo parceiro privado. Da mesma forma que o aumento da demanda pelo aumento na qualidade dos serviços prestados não deve ter o mesmo tratamento do risco de demanda.

O risco de demanda é uma das questões mais sensíveis em projetos de longo prazo. Nas concessões comuns, principalmente nelas, o risco de demanda se configura como o vetor determinante do sucesso ou insucesso do projeto. Ora, se a fonte de arrecadação primordial da concessão comum é a tarifa paga pelo usuário dos serviços, a variação da frequência do uso é decisiva para a viabilidade ou inviabilidade econômica do projeto.

Vale notar, no entanto, que não é verdadeira a afirmação de que o risco de demanda na sistemática das concessões comuns, regidas pela Lei 8.987/1995, é sempre alocado ao concessionário. Alguns projetos requerem contrapartida financeira do Poder Concedente, antes mesmo da existência das PPPs, como os projetos de transporte coletivo de passageiros, os quais contam com o mecanismo das câmaras de compensação.

No entanto, é forçoso concluir que as PPPs surgem como roupagem jurídica perfeita e adequada para, entre outros casos, aqueles em que haveria imprevisibilidade bastante alta da frequência de usuários (levando o risco de demanda aos patamares de incerteza). Nada impede que a modelagem de uma concessão patrocinada tenha o propósito exclusivo de compartilhar o risco de demanda entre os parceiros público e privado.

De qualquer forma, a alocação do risco da demanda é um dos aspectos mais relevantes de um projeto de PPP, dada a natural imprevisibilidade em função dos longos prazos contratuais, e não deve ser confundida com os riscos inerentes à prestação defeituosa do serviço pelo parceiro privado.

Nesse sentido, a Portaria STN 614 indica que o risco de demanda é caracterizado apenas em situações decorrentes das variações da atividade econômica, tendências do mercado ou novas formas de prestação de serviços semelhantes. Dessa forma, excluem-se do risco de demanda as ações do parceiro privado que possam ser caracterizadas como risco de disponibilidade, conforme descrito anteriormente, ou de má prestação dos serviços, em dissonância com a regra do contrato de PPP. Ademais, também devem ser excluídas do risco de demanda as ações da Administração Pública em geral, ou seja, daquele ente que atua enquanto Poder Concedente ou de outros entes ou órgãos que caracterizem alteração das condições do contrato.

Essas ações, de acordo com a Portaria STN 614, devem ser tratadas de maneira isolada, pois caracterizam riscos de outra natureza. Trata-se do que se costuma classificar como fato da administração ou fato do príncipe, nos termos da doutrina mais tradicional[152].

Na métrica da Portaria STN 614, considera-se que o risco de demanda incide sobre a Administração Pública quando o contrato de PPP estabelece um patamar mínimo de receita para o parceiro privado, independentemente da demanda. Ou seja, as flutuações no volume de utilização dos serviços se tornem irrelevantes para o parceiro privado. Isso acontece quando a Administração Pública garante receita mínima superior a 40% do fluxo total de receita esperado para o projeto, independentemente da utilização total do serviço objeto da parceria (art. 4º, § 1º, inc. I, da Portaria STN 614).

Por outro lado, o risco de demanda será considerado como alocado ao parceiro privado se o pagamento por parte do parceiro público variar proporcionalmente à demanda, "sendo a receita mínima garantida pelo parceiro público significativamente menor que o custo razoável de constituição do bem, ou explicitamente identificável com a remuneração apenas da disponibilidade de serviços contratados".

Veja-se que, para entendermos essa diretriz da Portaria, o primeiro passo seria isolarmos o risco de disponibilidade. A evidência de que o risco de disponibilidade, como visto *supra*, foi alocado à Administração Pública está na identificação de cláusulas contratuais que mantenham o pagamento da contraprestação mesmo em casos em que o bem não esteja apto a atender aos usuários. A aptidão decorreria do cumprimento das características formais e operacionais descritas no contrato de concessão.

Assim, a regra de alocação do risco de demanda ao parceiro privado depende da combinação de dois fatos específicos: (i) existência de previsão contratual de variação no pagamento da contraprestação pública em virtude da demanda pelos serviços e (ii) que o limite da transferência do risco de demanda para o privado esteja no pagamento por disponibilidade. Assim, ao que nos parece, se a variação da contraprestação tiver o seu mínimo ancorado no valor que remunere o parceiro privado pela disponibilização dos serviços, teremos a evidência de que o risco de demanda foi alocado integralmente ao parceiro privado.

O risco tanto se deslocará para a Administração Pública, quanto forem as cláusulas contratuais que assegurem pagamento de contraprestação

---

[152] GUIMARÃES, Fernando Vernalha. *Parcerias* cit., p. 252-253.

acima do mínimo capaz de remunerar a disponibilidade e abaixo do máximo estimado, que poderá ser algo inclusive maior do que 100% da demanda projetada. É nesse intervalo que será identificado o efetivo risco demanda transferido.

É nesse sentido, inclusive, que interpretamos a previsão do art. 4º, § 2º, da Portaria STN 614, pelo qual:

> Excetuam-se da obrigação de registro no balanço do ente público dos ativos contabilizados na SPE as concessões patrocinadas nas quais não exista contraprestação fixa devida de forma independente da utilização efetiva do serviço objeto da parceria, desde que o parceiro público não assuma parte relevante nem do risco de disponibilidade nem do risco de construção na forma definida neste artigo.

Assim, se não há contraprestação fixa que proteja o parceiro privado do risco de demanda em caso de Concessão Patrocinada, não há obrigação de contabilização da PPP para fins de endividamento público, sempre observadas as diretrizes válidas para os riscos de construção e disponibilidade. Em nosso entendimento, o mesmo raciocínio deveria ter sido aplicado às Concessões Administrativas, que mantêm o privado exposto ao risco de demanda, bem como aos riscos de construção e disponibilidade, dentro dos limites previstos pela Portaria STN 614.

Com efeito, na nossa leitura, projetos com a configuração de variação da contraprestação por demanda estabelecendo como mínimo ao privado a sua remuneração pela disponibilidade do bem não deveriam ser objeto de escrutínio para se verificar se o Poder Público assegura ao privado receita mínima superior a 40% do fluxo total de receita esperado para o projeto (na letra do art. 4º, § 1º, da Portaria STN 614). Apenas aqueles projetos que estabelecem um patamar mínimo de variação pela demanda acima da cobertura da remuneração pela disponibilidade deveriam ser objeto de escrutínio, aplicando-se, então, a regra estabelecida na própria Portaria STN 614.

Feitas essas considerações, a linguagem mencionada no último excerto da Portaria STN 614 citado, que remete à necessidade de que a receita mínima garantida seja significativamente menor que o custo razoável da constituição do bem perde sentido. Isso porque, de fato, a receita relativa à cobertura do risco de demanda, isolados o risco de construção e o risco de disponibilidade, será sempre inferior ao custo razoável para a constituição do bem.

Ademais, ainda em linha com a Nota Explicativa da Portaria STN 614, entendemos que o fato de haver a possibilidade contratual de exploração de receitas acessórias seria suficiente para a caracterização da alocação do risco de demanda ao privado, conforme a seguinte dicção:

> [considera-se que este risco incida sobre o parceiro privado, se: (...)] o parceiro privado tiver a possibilidade de compensá-lo utilizando o bem para oferecer serviços a terceiros; caso o contrato vede essa possibilidade e preveja um pagamento mínimo comparável ao custo razoável de constituição do bem, o risco de demanda incidirá sobre o parceiro público.

De toda sorte, nosso entendimento é de que, independentemente da interpretação do excerto *supra*, a regra para identificação da alocação do risco de demanda se localiza sempre no intervalo entre a demanda projetada e o mínimo garantido a título de disponibilidade.

4.4 Consequências da aplicação da Portaria STN 614

Como regra geral, a constatação de qualquer um dos riscos apontados – demanda, construção ou disponibilidade – é considerada condição suficiente para obrigar o parceiro público a consolidar os ativos e dívidas correspondentes em seu balanço. Na consolidação o parceiro público deverá registrar, entre seus ativos, o valor total dos ativos registrados no balanço do parceiro privado, e, entre seus passivos, em correspondência, os valores de tais ativos na condição de dívida.

No entanto, apesar da regra geral, a Portaria 614 não deixa clara a necessidade de registro da infraestrutura erguida em função da PPP como dívida nas hipóteses em que o Estado assume parcela superior a 40% de um dos riscos indicados, limitando-se a dizer que deverá a entidade estatal registrar em seu passivo o *quantum* registrado no ativo do parceiro privado[153].

Ainda, a forma de registro descrita na Portaria não aborda situações em que o ativo construído represente uma infraestrutura de impossível

---

[153] STARLING, Felipe. Limites à contratualização das PPPs cit., p. 9.

registro no balanço da entidade privada. O exemplo clássico seria uma PPP para reforma e operação de uma rodovia em péssimas condições. O parceiro privado, apesar de realizar vultosos investimentos na estrada, não poderá registrá-la em seu ativo, pois não se trata de um bem ou um ativo registrável no balanço de uma empresa[154].

Dessa forma, a seguir pela metodologia apresentada na Portaria em questão, mesmo que o Poder Público assuma valores superiores a 40% de qualquer um dos riscos indicados, não haverá o que ser contabilizado em seu endividamento, pois a estrada não estará registrada como um "ativo da SPE"[155].

As penalidades pelo descumprimento do limite de endividamento estabelecido pelo dispositivo infralegal, mas de cumprimento obrigatório em função do que dispõe o art. 30, inc. I, da LRF, são definidas pelo art. 31 da LRF.

Constatada a ultrapassagem do limite estabelecido pela Resolução 40, no final de um quadrimestre, o ente federado deverá reduzir o seu endividamento no prazo dos três quadrimestres subsequentes, sendo que, no primeiro quadrimestre, o excedente deverá ser reduzido em, pelo menos, 25%.

Enquanto perdurar o excesso, o ente federado estará proibido de realizar operações de crédito e deverá adotar medidas para a recondução da dívida ao limite, utilizando-se de certas medidas para tanto, tais como a limitação de empenho. Caso, mesmo depois de adotadas tais medidas, o descumprimento perdure, o ente federado ficará impedido de receber transferências voluntárias da União ou do Estado.

---

[154] Idem, ibidem.
[155] Idem, ibidem.

5. DEMAIS CONTROLES ORÇAMENTÁRIOS DAS PPPs

5.1 Introdução

Conforme dissemos anteriormente, as PPPs teriam o efeito de permitir ao Administrador Público a maximização dos recursos públicos sem, no entanto, incorrer em endividamento. Isso significa que a contratação de uma PPP pode ser tratada como *off-balance*. Esse fato decorre essencialmente de as despesas com as PPPs não se subsumirem à caracterização de operações de crédito – fontes primárias, conforme já dissemos, do endividamento público.

No entanto, as PPPs envolvem o comprometimento de recursos públicos com o pagamento da contraprestação pública por vários anos e, ainda, possivelmente, por vários mandatos eletivos. Esse fato inspira cuidados na contratação de uma PPP.

Assim, partindo-se da premissa de que determinada PPP não implicará endividamento público, por ter passado pelo teste imposto pela Portaria STN 614, a Lei de PPPs exigirá cuidados com as despesas criadas pela contratação de novas concessões nos mesmos moldes impostos pela Lei de Responsabilidade Fiscal à criação de despesas de caráter continuado pelo administrador público.

Esses cuidados podem ser chamados de *controles de fluxo* e sempre serão aplicáveis.

5.2 Criação de despesa e aderência ao Anexo de Metas Fiscais

Nos termos da Lei de Responsabilidade Fiscal, a criação ou aumento de quaisquer despesas sempre dependerá de (i) estimativa do impacto orçamentário-financeiro no exercício em que deva entrar em vigor e nos dois subsequentes e (ii) declaração do ordenador da despesa de que o aumento tem adequação orçamentária e financeira com a Lei Orçamentária Anual e compatibilidade com o Plano Plurianual e com a Lei de Diretrizes Orçamentárias (arts. 15 e 16, incs. I e II).

Tais medidas constituem condições prévias para o empenho e licitação de serviços, fornecimento de bens ou execução de obras e para a desapropriação de imóveis urbanos a que se refere o art. 182, § 3º, da Constituição Federal (art. 16, § 4º).

As despesas de caráter continuado, enquanto espécie do gênero despesa (pública), são caracterizadas por se tratarem de despesas correntes derivadas de lei, medida provisória ou ato administrativo normativo que fixem para o ente a obrigação legal de sua execução por um período superior a dois anos (art. 17, *caput*, da Lei de Responsabilidade Fiscal).

A definição não é de todo esclarecedora, pois, conforme explicamos no Capítulo 2, as despesas públicas serão sempre vinculadas à autorização legislativa, justamente em função das leis que compõem o sistema orçamentário no Brasil. Assim, a rigor, toda despesa pública decorre de lei ou medida provisória e ato administrativo normativo que a concretize.

No entanto, a intepretação teleológica da definição atribuída pela Lei de Responsabilidade Fiscal nos levaria à conclusão de que, por despesa de caráter continuado, o legislador buscou identificar aquelas despesas correntes (despesas relativas ao custeio da máquina pública) que são obrigatórias por determinação de ato legislativo ou administrativo com caráter normativo, ou seja, aquelas despesas que vinculam os administradores públicos a sua execução.

Em função dessas características, as despesas obrigatórias não se sujeitam à limitação de empenho e movimentação financeira (contingenciamento) no caso de a receita realizada em um bimestre não se demonstrar suficiente para o cumprimento das metas de resultado primário ou nominal, estabelecidas no Anexo de Metas Fiscais, constante da LDO. Assim, prevê o art. 9º, § 2º, da Lei de Responsabilidade Fiscal, que não serão objeto de limitação as *despesas que constituam obrigações constitucionais e legais do ente,* inclusive aquelas destinadas ao pagamento do serviço da dívida, e as ressalvadas pela Lei de Diretrizes Orçamentárias[156].

No nosso entender, são essas as despesas de caráter continuado, ou seja, aquelas que visam ao custeio da máquina estatal e que são vinculantes por força de lei, assim como são as despesas constitucionais com saúde e educação[157].

Por todas essas circunstâncias, a criação ou aumento de uma despesa enquanto despesa de caráter continuado trará um ônus adicional à Administração Pública, já que a estimativa de impacto orçamentário no caso de despesas de caráter continuado deverá veicular comprovação de que a despesa criada ou aumentada não afetará as metas de resultados fiscais, previstas no Anexo de Metas Fiscais, constante da LDO, devendo seus efeitos financeiros, nos períodos seguintes, ser compensados pelo aumento permanente de receita ou redução permanente de despesa (art. 17, §§ 1º e 2º, da Lei de Responsabilidade Fiscal).

Esse ônus adicional se justifica na medida em que a Lei de Responsabilidade Fiscal tratou a despesa de caráter continuado como uma despesa de custeio que vigerá por, ao menos, um próximo exercício.

Nesse sentido, se uma despesa corrente e vinculante por determinação de ato legislativo ou administrativo com caráter normativo (despesa obrigatória, como fizemos o paralelo acima) é criada, ela deverá ser acompanhada de aumento na arrecadação ou diminuição nas demais despesas, para que o orçamento público continue equilibrado. Ora, a exigência nos parece de todo adequada e razoável, já que essa despesa vinculante e de

---

[156] Nesse sentido ver Maurício Portugal Ribeiro e Lucas Navarro Prado: "O art. 1º, § 2º, do Decreto Federal 5.379/2005, determinou a sujeição de certas despesas constitucionais e legais da União aos limites de movimentação e empenhos fixados. Esse dispositivo gerou a seguinte determinação do TCU, no âmbito do acórdão 1.574/2005, 9.2 Determinar os Ministérios da Fazenda e do Planejamento, Orçamento e Gestão que, em prol da transparência na gestão das finanças públicas e com base no art. 1º, § 1º, da Lei Complementar n. 101/2000, não incluam despesas de caráter obrigatório nos limites de movimentação e empenho, nas próximas minutas de decreto que versarem sobre a matéria" (*Comentários à Lei de PPPs* cit., p. 418).

[157] Um bom exemplo dessas despesas obrigatórias criadas por lei são as despesas com o Programa de Aceleração do Crescimento, o PAC. As despesas do PAC são obrigatórias por força da MP que o criou e que depois foi convertida em lei. Isso se repetiu no PAC2 e no PAC Mobilidade Urbana. Nesse caso, no entanto, as despesas obrigatórias com o PAC não poderiam ser classificadas como despesas de caráter continuado, já que são essencialmente destinadas a investimentos públicos, sendo classificadas como Transferências de Capital, no âmbito do orçamento da União Federal.

longo prazo não está sujeita ao controle do estoque de endividamento, mas restringe e limita a atuação dos administradores públicos no manejo das receitas públicas.

Por todas essas razões, as medidas de responsabilidade fiscal exigem rígido limite do fluxo de recursos públicos – se as despesas são elevadas, que aumentem as receitas ou que diminuam outras despesas de modo que o fluxo de recursos se mantenha constante e capaz de honrar os compromissos públicos.

Inclusive, vale menção ao fato de que essa sistemática é inspirada nos Estados Unidos da América, "no qual se conhece o sistema PAYGO (*pay-as-you-go*), instituído pelo Budget Enforcement Act, de 1990-2002"[158]. Nos termos dessa diretriz, as despesas somente podem ser aumentadas se houver a correspondente redução de outras despesas ou o aumento da arrecadação. Nesse sentido:

> The Budget Enforcement Act of 1990 was designed to constrain future budgetary actions by the Congress and the President. It took a different tack on fiscal restraint than earlier efforts, which had focused on annual deficit targets in order to balance the budget. Rather than force agreement where there was none, BEA was designed to enforce a previously reached agreement on the amount of discretionary spending and the budget neutrality of revenue and mandatory spending legislation[159].

Assim, a contratação de PPPs depende fundamentalmente da compatibilidade com o Anexo de Metas Fiscais. Isso porque as despesas criadas ou aumentadas não poderão afetar as metas de resultados fiscais previstas em tal anexo, devendo seus efeitos financeiros, nos períodos seguintes, ser compensados pelo aumento permanente da receita ou pela redução permanente da despesa (art. 10, inc. I, "b", da Lei de PPPs). A Lei de PPPs determina que a contratação de PPPs observe o mesmo cuidado que a Lei de Responsabilidade Fiscal determinou à criação ou incremento de despesas de caráter continuado (art. 17, § 1º, da LRF).

---

[158] GUIMARÃES, Fernando Vernalha. *Parcerias* cit., p. 233.
[159] Budget Enforcement Act, de 1990-2002.

Nesse cenário, uma discussão que reputamos válida é justamente se as despesas criadas pelas PPPs estariam abrigadas pela limitação ao contingenciamento, nos termos do art. 9º, § 2º, da Lei de Responsabilidade Fiscal. Ora, se todos os limites inerentes às despesas de caráter continuado são impostos às PPPs, não há motivo para negar-lhes os benefícios dessa classificação.

Conforme dissemos anteriormente, o cuidado maior com a criação ou o aumento das despesas de caráter continuado, se comparadas às demais despesas, impondo-lhes a identificação na estimativa de impacto orçamentário das fontes de novas receitas ou diminuição em outras despesas, significa acomodá-las de maneira definitiva no orçamento.

Assim, ao tratar as PPPs com o mesmo rigor, significa que as despesas com as PPPs terão lugar sedimentado no orçamento, de modo que seu contingenciamento não faria qualquer sentido.

Colocar a contraprestação pública das PPPs a salvo do contingenciamento também é medida salutar para o financiamento da PPP pelo parceiro privado. Dessa forma, a garantia de que não haveria contingenciamento seria medida adequada do ponto de vista fiscal e também de segurança ao negócio jurídico das PPPs.

A exigência de estudo que aponte que as despesas criadas ou aumentadas não afetarão as metas de resultados fiscais previstas no Anexo de Metas Fiscais e a devida compensação financeira das despesas criadas pela PPP não exime, no entanto, a Administração Pública responsável pela contratação de uma PPP da realização de outros estudos necessários à contratação de despesas.

5.3 Elaboração de estimativa de impacto orçamentário-financeiro

Nos termos da Lei de PPPs, a abertura do processo licitatório para contratação de uma PPP está condicionada à (i) elaboração de estimativa do impacto orçamentário-financeiro nos exercícios em que deva vigorar o contrato de parceria público-privada; e (ii) declaração do ordenador da despesa de que as obrigações contraídas pela Administração Pública no decorrer do contrato são compatíveis com a Lei de Diretrizes Orçamentárias e estão previstas na Lei Orçamentária Anual. Ora, as exigências do art. 10, incs. II e III, da Lei de PPPs guardam profunda identidade com as exigências para criação ou aumento de despesa, previstas no art. 16, incs. I e II, da Lei de Responsabilidade Fiscal[160].

A estimativa do impacto orçamentário-financeiro, exigida para a abertura do processo licitatório, guarda semelhança com o estudo que demonstrará a compatibilidade com o Anexo de Metas Fiscais, mas possui peculiaridades e finalidade própria.

O Anexo de Metas Fiscais da LDO tem horizonte máximo de três exercícios. Desse modo, o estudo de impacto orçamentário-financeiro, nos termos do art. 10, inc. II, da Lei de PPPs, deverá estimar os impactos da contratação de determinada PPP por um prazo mais amplo do que o do Anexo de Metas Fiscais, já que os contratos de PPP possuem prazo de, no mínimo, cinco anos, podendo chegar a trinta e cinco anos, a depender da modelagem contratual.

Com efeito, foi importante que o legislador da Lei de PPPs deixasse clara a abrangência da previsão legal do art. 10, inc. II, e não simplesmente a remetesse ao art. 16, inc. I, da Lei de Responsabilidade Fiscal, que requer a estimativa de impacto orçamentário-financeiro no exercício em que deva entrar em vigor e nos dois subsequentes.

Isso porque, na sistemática da Lei de Responsabilidade Fiscal, o estudo de impacto orçamentário e a estimativa de impacto nas metas fiscais tendem a ser excludentes. O estudo de impacto orçamentário é aplicado ao aumento ou criação de despesas não classificadas como de caráter continuado. Por esse estudo, o Administrador Público faria um exercício de estimativa do impacto orçamentário durante três exercícios, mas sem a necessidade de apontar as fontes de custeio desse incremento na despesa ou a redução das demais despesas para o suporte de tal incremento.

Nesse sentido, em um horizonte de três anos, a criação de despesas que não tem caráter continuado deverá vir acompanhada de estudo de seus impactos orçamentários no ano de exercício e nos dois subsequentes. Já as despesas de caráter continuado virão acompanhadas de estudo similar que demonstre os impactos no Anexo de Metas Fiscais da LDO, documento de três anos de validade, devendo-se ainda indicar a fonte de custeio dessas novas despesas.

---

[160] Vale notar, assim, que qualquer criação ou aumento de despesa pública depende da observância dos arts. 15 e 16 da Lei de Responsabilidade Fiscal.

No caso das PPPs, o legislador exigiu os dois estudos, materialmente iguais aos requeridos pela Lei de Responsabilidade Fiscal, o que, à primeira vista, poderia não fazer sentido. No entanto, esclareceu que o estudo que fará a estimativa dos impactos orçamentários deverá levar em consideração todos os exercícios em que vigorar o contrato da PPP.

Essa exigência deu sentido ao estudo previsto no art. 10, inc. II, da Lei de PPPs, orientando o administrador responsável pela PPP no sentido de que os estudos não deverão necessariamente veicular previsão da fonte de custeio ao longo de todos os anos em que estiver em vigor a PPP, mas tão somente durante o interregno temporal em que o Anexo de Metas Fiscais válido para o exercício da contratação estiver vigente. Cumprida a exigência preparatória à contratação da PPP, o Anexo de Metas Fiscais renovado veiculará certamente as despesas com as PPPs já contratadas e seus impactos.

A exigência combinada de estudo técnico que demonstre que as despesas criadas ou aumentadas pela PPP não afetarão os resultados previstos no Anexo de Metas fiscais (art. 10, inc. I, "b", da Lei de PPPs) e de estimativa de impacto orçamentário (art. 10, inc. II, da Lei de PPPs) demonstra a cautela do legislador com as despesas criadas pela PPP, mas também demonstra que o legislador não fez opção clara pela natureza das despesas criadas pelas PPPs. Isso porque ao mesmo tempo em que insere tratamento inerente a despesas obrigatórias também exige tratamento de natureza de despesa não obrigatória. Dessa forma, a natureza das despesas em PPPs, do ponto de vista orçamentário e de contabilidade pública, dependerá de análise casuística, com fundamento em alguns parâmetros traçados pela Secretaria do Tesouro Nacional, aos quais nos dedicaremos adiante.

5.4 Declaração do ordenador de despesa e estimativa de fluxo de recursos suficientes

O próximo instrumento de controle de despesas criadas ou incrementadas pelas PPPs se refere à exigência de declaração do ordenador de despesa de que as obrigações contraídas pela Administração Pública no decorrer do contrato são compatíveis com a LDO e estão previstas na LOA.

A realização da declaração exigida não imporá grandes dificuldades ao administrador público, caso os passos anteriores tenham sido realizados, já que a compatibilidade com a LDO decorrerá justamente da realização de adequada estimativa de impacto nas metas estabelecidas pelo Anexo de Metas Fiscais da LDO.

Ocorre que, ao que nos parece, a Lei de PPPs, ciente da divisão de competências entre órgãos especializados na Administração Pública, imputa ao responsável pela contratação da PPP (o ordenador da despesa) o dever de verificar seu orçamento próprio à luz da estimativa de impacto preparada usualmente pelos órgãos de planejamento e/ou fazendários e se declarar a adequação da contratação.

Ora, a Secretaria de Saúde de determinado Município será responsável pela despesa da contratação de, digamos, um novo hospital. Cabe à Secretaria de Orçamento, Planejamento e Gestão realizar os estudos e estimativas mencionados nos arts. 10, inc. I, "b", e 10, inc. II, da Lei de PPPs. No entanto, a Secretaria de Saúde terá seus recursos comprometidos com o pagamento das despesas da PPP hospitalar. Isso implicará a adequação de outros custos, de modo que o ordenador da despesa da PPP, muito provavelmente o Secretário Municipal de Saúde, será responsável pela verificação da compatibilidade do orçamento daquela unidade orçamentária com as despesas da PPP.

Essa declaração, em nosso ponto de vista, é fundamental, pois vincula a unidade orçamentária aos pagamentos, afastando-se quaisquer dúvidas sobre a ciência das condições da contratação de PPPs, de modo a dar maior transparência ao orçamento público e também maior segurança ao parceiro privado da PPP.

De toda sorte, vale notar que essa é uma obrigação também muito similar ao que a Lei de Responsabilidade Fiscal exige para a contração de despesa não classificada como despesa de caráter continuado, nos termos de seu art. 16, inc. II. A diferença é que, no caso da Lei de Responsabilidade Fiscal, a norma inclui declaração de compatibilidade também com o Plano Plurianual.

Ocorre que a Lei de PPPs exige que o objeto da PPP esteja previsto no Plano Plurianual em vigor no âmbito em que o contrato será celebrado (art. 10, inc. V). Dessa forma, se é premissa para a contratação de uma PPP que seu objeto esteja devidamente contemplado no PPA vigente, não há que se exigir declaração de compatibilidade por parte do ordenador de despesa.

Veja-se que o fato de o PPA dever contemplar o objeto da PPP significa, em nosso entendimento, que se exige do administrador público um planejamento maior para a PPP do que se exige para o aumento de despesas que devem apenas ser compatíveis com o PPA.

Se a Lei de PPPs requer que o objeto das PPPs esteja contemplado no PPA, o mesmo PPA deve veicular com clareza solar a existência de uma PPP em determinado setor no interregno temporal de sua vigência. Nesse ponto, não caberia interpretação extensiva das previsões genéricas do PPA. A PPP deve estar claramente indicada e seu objeto designado para o perfeito cumprimento da regra constante no art. 10, inc. V, da Lei de PPPs, que nada mais é do que a outra metade da laranja da regra insculpida no art. 10, inc. III, da mesma lei.

A exigência de estimativa do fluxo de recursos públicos suficientes para o cumprimento, durante a vigência do contrato e por exercício financeiro, das obrigações contraídas pela Administração Pública, nos termos do art. 10, inc. IV, da Lei de PPPs, parece ter fundamento apenas em um dever de transparência desse fluxo. Isso porque essa estimativa de fluxo de recursos públicos é essencial e inerente para a preparação das estimativas de impacto nas metas fiscais e impactos orçamentários. Sem a estimativa de fluxo de recursos, seria impossível que as demais fossem preparadas.

Nesse sentido, nossa interpretação é no sentido de que a exigência é apenas um reforço aos controles de fluxo contidos nas exigências dos arts. 10, inc. I, "b", e 10, inc. II, da Lei de PPPs.

5.5 Receita Corrente Líquida

Outro limite aplicável aos gastos públicos com PPPs foi aquele estabelecido pelos arts. 22 e 28 da Lei de PPPs. O primeiro aplica-se à União, enquanto que o segundo se aplica aos Estados, Distrito Federal e Municípios, mas ambos possuem o mesmo núcleo, qual seja, de limitar as despesas com PPPs a um dado percentual da Receita Corrente Líquida.

Maurício Portugal Ribeiro e Lucas Navarro Prado explicam que tanto o art. 22 quanto o art. 28 da Lei de PPPs foram criados em função de ter sido alardeado ao longo da tramitação do projeto da Lei de PPPs que ela estimularia o descumprimento das regras de responsabilidade fiscal. De acordo com os autores:

> Feito o alarde, a arena política encarregou-se de tornar necessário que a própria Lei de PPP veiculasse os mecanismos para assegu-

rar o cumprimento pelas PPPs das regras de responsabilidade fiscal. Daí a necessidade de desenvolver controles para as PPPs cuja efetividade independesse da futura regulamentação dos seus aspectos contábeis, conforme previsto no art. 25. Foi nesse diapasão que surgiram os arts. 22 e 28 da Lei de PPP, os quais estabelecem limites de despesas com as PPP, utilizando como referência um percentual da RCL – Receita Corrente Líquida[161].

A explicação dos autores para a inclusão desse limite à contratação de PPPs vai justamente de encontro à percepção de sua falta de metodologia e desalinhamento com os demais controles estabelecidos pela própria Lei de PPPs. A própria localização dos dispositivos gera certa dúvida, já que as demais condicionantes para a contratação das PPPs foram veiculadas nos capítulos iniciais da Lei, sobretudo no art. 10, em que se localizam as condicionantes de natureza orçamentária, supradescritas.

A redação original do art. 28 da Lei de PPPs estabelecia o seguinte:

> Art. 28. A União não poderá conceder garantia e realizar transferência voluntária aos Estados, Distrito Federal e Municípios se a soma das despesas de caráter continuado derivadas do conjunto das parcerias já contratadas por esses entes tiver excedido, no ano anterior, a *1% (um por cento) da receita corrente líquida* do exercício ou se as despesas anuais dos contratos vigentes nos 10 (dez) anos subsequentes excederem a 1% (um por cento) da receita corrente líquida projetada para os respectivos exercícios. (grifamos)

A redação foi alterada pela primeira vez pela Lei 12.204/2009. Diante do pleito de governadores e prefeitos, o Congresso Nacional decidiu aumentar o limite de 1 para 3% da Receita Corrente Líquida. Em 2009, passávamos pelo primeiro grande momento de fomento das parcerias público-privadas no Brasil. As notícias de que o Brasil sediaria a Copa do Mundo de 2014 e os Jogos Olímpicos de 2016 geraram entusiasmo no país e a necessidade de ampliar a infraestrutura existente sem comprometer o orçamento de União, Estados e Municípios foi o mote para o início de diversas modelagens e contratações de PPPs.

---

[161] RIBEIRO, Maurício Portugal; PRADO, Lucas Navarro. *Comentários à Lei de PPPs* cit., p. 397.

Assim, o modelo das PPPs precisava ser empregado às infraestruturas, sobretudo de mobilidade urbana e dos próprios estádios de futebol, onde os jogos da Copa de 2014 aconteceriam. Foram os estádios então que, em larga medida, testaram o modelo das PPPs no final da primeira década deste século. Dos doze estádios que sediaram jogos da Copa do Mundo (Arena Amazonas-AM, Castelão-CE, Arena das Dunas-RN, Arena Recife-PE, Fonte Nova-BA, Maracanã-RJ, Arena Itaquera-SP, Estádio Nacional-DF, Arena Pantanal-MT, Mineirão-MG, Arena da Baixada-PA e Beira-Rio--RS), nove são públicos (apenas Arena Itaquera-SP, Arena da Baixada-PA e Beira-Rio-RS pertencem a clubes privados). Desses nove estádios, cinco (Castelão-CE, Arena Recife-PE, Fonte Nova-BA, Arena das Dunas-RN e Mineirão-MG) foram construídos ou reformados sob o regime das PPPs e quatro sob os meios tradicionais, entenda-se Lei 8.666/1993, de contratação de obras públicas[162]. Nos cinco estádios construídos ou reformados sob o regime de PPP, a modalidade escolhida foi a concessão administrativa (até porque não poderia ser diferente, dadas as peculiaridades do bem e seu uso, que não envolve a prestação de um serviço público, tampouco a possibilidade de fixação de tarifa pelo uso de um bem ou obra pública, impedindo, assim, a aplicação da modalidade da concessão patrocinada), o que exige, por consequência, comprometimento de recursos públicos vultosos com o pagamento da contraprestação pública.

Com o comprometimento de parte da receita no pagamento das contraprestações estádios, os Estados e Municípios que sediariam jogos da Copa do Mundo de 2014 viram a possibilidade de reduzir a realização de novas PPPs. O limite de 1% da Receita Corrente Líquida era insuficiente para a realização das melhorias necessárias na infraestrutura urbana e, logo, os 3% aumentados pela Lei 12.204/2009 se mostraram igualmente insuficientes para a realização de obras de mobilidade urbana que incluíam investimentos altíssimos em transporte de passageiros, tais como em metrôs.

Diante desse cenário, em 2012, houve nova elevação do percentual passível de comprometimento, desta vez para 5%, por inicialmente da Medida Provisória 575, de 2012. Além da elevação do percentual da Receita Corrente Líquida passível de vinculação com PPPs, essa medida provisória,

---

[162] Sobre esse tema, ver artigo interessante de Guilherme Naves. Disponível em: <http://www.pppbrasil.com.br/portal/content/artigo-ppps-das-arenas-da-copa-do-mundo-fracasso--retumbante-ou-precisamos-entender-melhor>.

convertida na Lei 12.766/2012, criou a figura do aporte de recursos, instituto que merecerá nossa atenção no próximo capítulo.

As duas alterações pelas quais o limite estabelecido no dispositivo aplicável a Estados, Distrito Federal e Municípios passou demonstram a ausência de critérios no estabelecimento do próprio limite. Ora, é fácil evidenciar que as ampliações, conforme contextualizado anteriormente, se deram para atender a interesses políticos e circunstanciais, o que não teria cabimento se a norma inicial tivesse sido efetivamente lastreada na preservação da responsabilidade fiscal.

Assim, ao que nos parece, a limitação imposta sobretudo pelo art. 28 da Lei de PPPs não se insere desde um ponto de vista lógico-jurídico nas medidas de responsabilidade fiscal, que são muito mais bem desenhadas em paralelo com a Lei de Responsabilidade Fiscal, nos incs. I, "b", II, III, IV e V do art. 10 da Lei de PPPs.

Com efeito, é importante deixar claro que não temos objeções às alterações feitas pelas Leis 12.204/2009 e 12.766/2012 no art. 28 da Lei de PPPs. Ao contrário, entendemos que as sucessivas alterações são a prova de que o próprio limite imposto pelo art. 28 da Lei de PPPs não deveria existir. A mesma conclusão vale para o art. 22 da Lei de PPPs, que, por carência de PPPs federais, acaba não sendo colocado sob os holofotes.

De qualquer forma, a limitação existe, é válida e vigente, de modo que, sob o ponto de vista meramente dogmático, temos que considerá-la como um balizamento de fluxo de receitas nas PPPs. Assim, não nos é dada a faculdade de ignorá-la.

Assim, esse dispositivo se sobrepôs aos demais limites de fluxo para impor ao administrador público uma limitação de comprometimento inescusável de recursos com PPPs. Assim, ainda que todos os estudos e medidas preparatórias à contratação de PPPs sejam tomados à luz do art. 10, incs. I, "b", II, III, IV e V, da Lei de PPPs, o fato do comprometimento de despesas com PPPs acima do atual limite estabelecido da RCL dos entes federados implicará não a impossibilidade de contratação, mas a aplicação de sanção típica da Lei de Responsabilidade Fiscal.

Com efeito, há duas facetas da limitação imposta pelo dispositivo em comento, uma que regula as relações presentes entre despesas com PPP e RCL e uma que regula as despesas futuras do ente federado, que deverão observar o mesmo limite nas projeções das RCLs em um horizonte de até 10 (dez) anos. Dessa forma, a contratação de um projeto de PPP deve levar em consideração não somente as projeções para o exercício atual, mas também as projeções futuras.

A leitura da previsão do artigo indica que, para fins de cálculo do montante de recursos comprometidos em face da RCL, serão considerados apenas aqueles derivados, isto é, apartados, oriundos, provenientes das PPPs.

Em nossa opinião, o emprego do termo "derivados" está, assim, a indicar que apenas os recursos que tiverem sido desviados de seus cursos originais para fins do projeto de PPP serão considerados para fins do cômputo do limite comprometido com da RCL do ente federado.

Trata-se de interpretação textual e lógica, mas que nos parece totalmente aderente ao tratamento dado à questão orçamentária. Veja-se que no tópico anterior, em que tratamos da necessidade de estudo técnico que demonstrasse a compatibilidade com o Anexo de Metas fiscais e também da necessidade de elaboração de estimativa de impacto orçamentário, a base para o cálculo de tais documentos era sempre a da despesa criada ou aumentada pela PPP.

Ora, com relação à aplicação do limite imposto pelos arts. 22 e 28 da Lei de PPPs, o raciocínio não pode ser distinto. Trata-se de limite de natureza orçamentária, de modo que deverá seguir a lógica própria desses limites.

Com efeito, apenas a parcela que se somar ao montante que atualmente já é empregado no custeio da atividade administrativa ou, mais especificamente, ao montante que é empregado no custeio dos serviços prestados com a PPP deverá ser considerada no cômputo do limite.

Dessa forma, apenas como exemplo, o hospital que é reformado por meio de uma PPP, que passa a operar sob o regime de concessão administrativa, acrescerá aos cofres públicos as despesas resultantes da contraprestação pública paga ao concessionário, excluídos os valores que já eram destinados ao hospital no orçamento da Secretaria de Saúde de determinado Estado ou Município. Esse resultado será comparado com o equivalente a 5% da Receita Corrente Líquida do ente federado para, então, se calcular o estoque disponível de recursos públicos passíveis de comprometimento com PPPs.

5.6 Empresa estatal não dependente

Nos termos do art. 2º, inc. III, da LRF e das Resoluções 40 e 43 do Senado Federal, a empresa estatal dependente é aquela empresa "controlada pelo poder público, que recebe do ente controlador recursos financeiros para pagamento de despesas com pessoal ou de custeio em geral ou de capital, excluídos, no último caso, aqueles provenientes de aumento de participação acionária"[163].

Os recursos financeiros da empresa estatal dependente encontram-se alocados e disciplinados nas leis orçamentárias, de forma que a empresa pública dependente não possui autonomia orçamentária, mas, tão somente, autonomia administrativa e financeira. Assim, é fácil notar que nas empresas estatais dependentes a ingerência da Administração Pública nas matérias diárias tende a ser bastante grande, na medida em que o custeio das atividades é feito pela própria Administração Pública.

A contrario sensu, existem as empresas estatais não dependentes, que são justamente aquelas em que a Administração Pública possui uma posição de mero acionista. Empresas em que não há ingerência da Administração Pública em seu dia a dia e que suas despesas de custeio são pagas por recursos gerados pela própria atividade produtiva da empresa. Essas empresas recebem recursos de sua controladora, a Administração Pública, mas apenas a título de aumento de participação acionária, conforme dispõem os aludidos dispositivos da Lei de Responsabilidade Fiscal e das Resoluções do Senado Federal supramencionadas,

A essas empresas, em regra, não se estendem os controles de responsabilidade fiscal, tampouco o controle relativo ao limite de Receita Corrente Líquida empregada em PPPs. A segunda possibilidade se assenta na interpretação do § 2º do art. 28 da Lei de PPPs, a seguir:

Art. 28. (...) § 2º Na aplicação do limite previsto no *caput* deste artigo, serão computadas as despesas derivadas de contratos de parceria celebrados pela administração pública direta, autarquias, fundações públicas, empresas públicas, sociedades de economia mista e demais entidades controladas, direta ou indiretamente, pelo respectivo ente, *excluídas as empresas estatais não dependentes*. (grifamos).

Nesse sentido, as despesas derivadas de contratos de PPP, arcadas por empresa estatal que possui fontes próprias, para o pagamento de despesas com pessoal e custeio em geral, não entrariam no cálculo do limite de comprometimento dos 5% da Receita Corrente Líquida.

---

[163] Art. 2º, inc. III, da LRF – definição que é repetida pelas Resoluções 40 e 43 do Senado Federal.

Dito isso, vale lembrar que, para a caracterização de uma empresa estatal como não dependente, não basta que sua lei de criação determine que aquela companhia não receba recursos da União, Estado, Distrito Federal ou Município para fins de custeio de sua atividade, mas tão somente a título de aumento de capital. Essa formalidade pode ser facilmente afastada pela prática da Administração Pública, que pode, inclusive, por meio de aumentos de capital (sobretudo quando se tratar de empresa pública, na qual não há acionistas a serem diluídos por tais aumentos), injetar recursos na empresa estatal para que pague sua folha de funcionários e demais despesas de custeio, subvertendo-se, pois, o sentido da norma legal.

Assim, o desvirtuamento dos aportes, realizados reiteradamente para custeio de obrigação de pagamento de longo prazo da estatal, poderá ser objeto de questionamento, com o risco de descaracterização da natureza não dependente da referida entidade.

A caracterização de uma empresa estatal não dependente reside, assim, no fato de ela possuir fontes próprias de recursos que, uma vez transferidas a ela, sob forma de aumento de capital, ou por sua atividade, poderão gerar receitas de modo que ela tenha condições financeiras de arcar com parcela, ou a integralidade, dos pagamentos referentes à contraprestação pública de um projeto de PPP.

Por fim, é possível concluir que as empresas estatais não dependentes, por possuírem autonomia de seus recursos, podem realizar PPPs sem que isso impacte o estoque de Receita Corrente Líquida disponível para o ente federado para comprometimento com PPPs.

CONCLUSÃO

O endividamento público crescente, decorrente da assunção de despesas em montante superior às receitas arrecadadas, minava progressivamente a capacidade estatal de executar atividades de interesse coletivo. A delegação ao segundo setor de atividades mais afeitas a ele foi, a exemplo do que vimos ter acontecido na Grã-Bretanha, um passo adotado para a melhor alocação de recursos na infraestrutura carente de investimentos.

As PPPs são criadas como uma forma de a Administração Pública transferir não só o ônus pela realização do investimento, mas também os riscos inerentes à atividade que será prestada pelo parceiro privado. Esse fato nos parece ser a conclusão mais acertada da conjunção das características das PPPs com o tratamento dado pela Portaria STN 614.

Por essa razão, acertadamente, a Portaria STN 614 indica que a assunção de riscos de construção, disponibilidade e demanda em certos níveis, pela Administração Pública, descaracteriza a PPP como um contrato em que há obrigações e riscos relevantes tomados pelo particular, para tratá-los como operações de crédito, que geram o endividamento público. Aqui vale a ressalva de que nossa concordância é com o critério da alocação de riscos e com os riscos eleitos para o teste aplicado pela Portaria STN 614, os quais, de fato, se apresentam como relevantes na estruturação de qualquer PPP. Não avaliamos, até porque não se trata de objeto deste trabalho, se o parâmetro de 40% estabelecido como indicador de assunção do risco pelo Poder Público é mesmo eficiente para essa constatação.

De qualquer forma, a mensagem da regulamentação expedida pela Secretaria do Tesouro Nacional, em linha com as práticas internacionais, é muito clara ao administrador público, no sentido de que as PPPs deverão ser contratos em que os riscos, ao menos de construção, disponibilidade e demanda, são verdadeiramente compartilhados entre a Administração Pública e o parceiro privado. Do contrário, o arranjo contratual das PPPs, que possui grandes garantias quanto à sua estabilidade, já que a eles se aplicam os institutos inerentes às concessões, será mantido, mas consideradas as despesas incorridas pelo Poder Público como endividamento, nos termos da Portaria STN 614.

Em suma, a conclusão é de que as PPPS não importam endividamento, caso a alocação dos riscos do contrato demonstre efetivamente a própria alocação de riscos de construção, disponibilidade e demanda.

Ademais, em qualquer caso, conforme vimos, o controle de fluxo, constante da Lei de PPPs, impõe as seguintes exigências ao administrador público, responsável pela contratação de PPPs:

(i) Estimativa de impacto nas metas fiscais, demonstrando aumento permanente na receita ou diminuição permanente nas despesas (art. 10, inc. I, "b", da Lei de PPPs);

(ii) Estimativa de impacto orçamentário ao longo do prazo da PPP (art. 10, inc. II);

(iii) Declaração do ordenador de despesa de que as despesas com a PPP são compatíveis com a LDO e estão previstas na LOA (art. 10, inc. III), a qual se complementa com a necessidade de inclusão do objeto da PPP no PPA (art. 10, inc. V);

(iv) Estimativa de fluxo de recursos (art. 10, inc. IV); e

(v) Limitações ao comprometimento do orçamento público com o pagamento de contraprestações de PPPs até 1% da Receita Corrente Líquida da União e 5% da Receita Corrente Líquida dos Estados, Municípios e Distrito Federal.

CONCLUSÃO

Assim, nos parece igualmente também imediata a conclusão no sentido de que a Lei de PPPs impõe limites estritos à criação de despesas com a contratação de PPPs, de modo que, mesmo nos casos em que as PPPs não importam endividamento, os controles serão rígidos e a proteção do orçamento estará garantida.

REFERÊNCIAS

ARAGÃO, Alexandre Santos de. Possibilidade de afetação dos recebíveis de *royalties* aos fundos garantidores de parcerias público-privadas. *RDPE*, ano 7, n. 25, p. 9-38, Belo Horizonte: Fórum, jan.-mar. 2009.

AULETE, Caldas. *Dicionário contemporâneo da língua portuguesa*. Ed. brasileira revisada por Hamilcar de Garcia. Rio de Janeiro: Delta, 1958. v. 2.

BALEEIRO, Aliomar. *Uma introdução à ciência das finanças*. 18. ed. rev. e atual. por Hugo de Brito Machado Segundo. Rio de Janeiro: Forense, 2012.

BANDEIRA DE MELLO, Celso Antônio. *Curso de direito administrativo*. 32. ed. São Paulo: Malheiros, 2014.

BERCOVICI, Gilberto; VALIM, Rafael. *Elementos de direito da infraestrutura*. São Paulo: Contracorrente, 2015.

BINENBOJM, Gustavo. As parcerias público-privadas (PPPs e a Constituição). *Revista Eletrônica de Direito Administrativo – REDAE*, n. 2, Salvador, maio-jun.-jul. 2005.

BONOMI, Claudio Augusto; MALVESSI, Oscar. *Project Finance no Brasil*: fundamentos e estudo de casos. São Paulo: Atlas, 2002.

CÂMARA, Jacintho Arruda. Concessão de serviços públicos e as parcerias público-privadas. In: SUNDFELD, Carlos Ari. *Parcerias público-privadas*. São Paulo: Malheiros, 2005.

CARVALHO, André Castro (org.). *Contratos de concessão de rodovias*: artigos, decisões e pareceres jurídicos. São Paulo: MP Ed., 2009.

_____. *Direito de infraestrutura*: perspectiva pública. São Paulo: Quartier Latin, 2014.

_____. *Vinculação de receitas públicas*. São Paulo: Quartier Latin, 2010.

CASTRO, Rodrigo Pironti Aguirre de (coord.). *Lei de Responsabilidade Fiscal*: ensaios em comemoração aos 10 anos da Lei Complementar nº 101/00. Belo Horizonte: Fórum, 2010.

CAVALCANTI, Márcio Novaes. *Fundamentos da Lei de Responsabilidade Fiscal*. São Paulo: Dialética, 2001.

CONTI, José Maurício. *Direito financeiro na Constituição de 1988*. São Paulo: Oliveira Mendes, 1988.

_____ (org.). *Federalismo Fiscal*. Barueri: Manole, 2004.

_____. *Lei de Responsabilidade Fiscal*: aspectos jurídicos. Londrina: [s.n.], 2004. Disponível em: <http://www.idtl.com.br/artigos/67.pdf>. Acesso em: 24 abr. 2015.

_____; SCAFF, Fernando Facury. *Orçamentos públicos e direito financeiro*. São Paulo: RT, 2011.

COUTINHO, Diogo Rosenthal. Parcerias público-privadas: relatos de algumas experiências internacionais. In: SUNDFELD, Carlos Ari (coord.). *Parcerias público-privadas*. São Paulo: Malheiros, 2005.

COUTO E SILVA, Almiro. Privatização no Brasil e o novo exercício de funções públicas por particulares: serviço público à brasileira? *Revista da Procuradoria-Geral do Estado* (do Rio Grande do Sul), n. 57, Porto Alegre: PGE-RS, 2003.

CRUZ, Flávio da et al. *Comentários à Lei nº 4.320*. 5. ed. São Paulo: Atlas, 2008.

DAL POZZO, Augusto Neves. Procedimento de manifestação de interesse e o planejamento estatal de infraestrutura. In: DAL POZZO, Augusto Neves et al. *Parcerias público--privadas*. Belo Horizonte: Fórum, 2014.

DAVIDSON, Paul. *Post Keynesian Macroeconomic Theory*: a foundation for successful economic policies for twenty-first century. Aldershot: Elgar, 1994.

DICIONÁRIO HOUAISS DA LÍNGUA PORTUGUESA. Rio de Janeiro: Objetiva, 2001.

DINIZ, Maria Helena. *Curso de direito civil brasileiro*: teoria das obrigações contratuais e extracontratuais. 24. ed. rev., atual. e ampl. São Paulo: Saraiva, 2008. vol. 3.

DONAHUE, John D. *Privatização*: fins públicos, meios privados. Trad. José Carlos Teixeira Rocha. Rio de Janeiro: Jorge Zahar Editor, 1989.

ENEI, José Virgílio Lopes. A Portaria n. 614 de 21 de agosto de 2006, da Secretaria do Tesouro Nacional e as Parcerias Público-Privadas. *Artigos da Consultoria Machado Meyer, Sendacz e Opice sobre PPPs*, p. 29-33. Disponível em: <http://www.bnb.gov.br/content/aplicacao/desenvolvimento_em_acao/projeto_ppp/doc s/artigos_consultoria_machado_meyer_sobre_ppp.pdf>.

_____. *Project Finance*: financiamento com foco em empreendimentos: (parcerias público--privadas, *leveraged buy-outs* e outras figuras afins). São Paulo: Saraiva, 2007.

FERRAZ JÚNIOR, Tercio Sampaio. *Introdução ao estudo do direito*: técnica, decisão, dominação. 4. ed. São Paulo: Atlas, 2003.

FERREIRA DA ROCHA, Silvio Luís. *Manual de direito administrativo*. São Paulo: Malheiros, 2013.

FRANCO, António Luciano de Souza. *Manual de finanças públicas e direito financeiro*. Lisboa: Guerra-Viseu, 1974. v. I.

FREIRE, André Luiz. Comentários aos arts. 1º, 2º e 3º, da Lei das PPPs. In: DAL POZZO, Augusto Neves et al. *Parcerias público-privadas*. Belo Horizonte: Fórum, 2014.

FREIRE, André Luiz. *O regime de direito público na prestação de serviços públicos por pessoas privadas*. São Paulo: Malheiros, 2014.

FURTADO, J. R. Caldas. *Direito financeiro*. 4. ed. rev., ampl. e atual., 1. reimpr. Belo Horizonte: Fórum, 2014.

GALVES, Carlos. *Manual de economia política atual*. 14. ed. Rio de Janeiro: Forense Universitária, 1996.

GORDILLO, Agustín. *Tratado de derecho administrativo*. Belo Horizonte: Del Rey, 2003. t. 1.

GUIBOURG, Ricardo A.; GHIGLIANI, Alejandro M.; GUARINONI, Ricardo V. *Introducción al conocimiento científico*. 11. ed. Buenos Aires: Eudeba, 1994.

REFERÊNCIAS

HODGE, Graeme A. et al. *International handbook on public-private partnership*. Inglaterra: Edward Elgar Publishing, 2010.

HOSKIN, Peter. *The public finances under Margaret Thatcher and under the Coalision*. Disponível em: <http://www.conservativehome.com/thetorydiary/2012/10/the-public-finances-under-margaret-thatcher-and-under-the-coalition-compared.html>. Acesso em: 1º maio 2015.

HOUSE OF COMMONS. *The Private Finance Initiative (PFI)*. p. 4. Disponível em: <http://www.publications.parliament.uk/pa/cm201012/cmselect/cmtreasy/1146/1146.pdf>. Acesso em: 24 abr. 2015.

JUSTEN FILHO, Marçal. *Comentários à Lei de Licitações*. 16. ed. São Paulo: RT, 2014.

_____. *Comentários à Lei de Licitações e Contratos Administrativos*. 16. ed. São Paulo: RT, 2014.

_____. *Curso de direito administrativo*. 3. ed. rev. e atual. São Paulo: Saraiva, 2008.

KEE, James Edwin; FORRER, John. *Private Finance Initiatives* – the theory behind the practice. USA: The George Washington University, 2002.

KEYNES, John Maynard. *A teoria geral do emprego, do juro e da moeda*. Trad. Mário R. da Cruz. 1. ed., 13. reimpr. São Paulo: Atlas, 2007.

LEITÃO, Alexandra. *Parcerias público-privadas*. In: FERREIRA, Eduardo Paz; RODRIGUES, Nuno Cunha. *Novas fronteiras da contratação pública*. Coimbra: Coimbra Ed.

LINO, Pedro. *Comentários à Lei de Responsabilidade Fiscal*: Lei Complementar nº 101/2000. São Paulo: Atlas, 2001.

LOCKE, John. *Segundo Tratado do Governo Civil*. Trad. Magda Lopes e Marisa Lobo da Costa. São Paulo: Vozes, 2000.

LUHMANN, Niklas. *Risk*: a sociological theory. Berlim/New York: Walter de Gruyter, 1993.

MARIQUE, Yseult. *Public private partnership and the law*: regulations, institutions and community. Inglaterra: Edward Elgar Publishing, 2014.

MARQUES NETO, Floriano de Azevedo. Reajuste e revisão nas parcerias público-privadas: revisitando o risco nos contratos de delegação. In: SOUZA, Mariana Campos de (coord.). *Parceria público-privada*: aspectos jurídicos relevantes. São Paulo: Quartier Latin, 2008.

MARTINS, Ricardo Marcondes. Natureza jurídica da parceria público-privada. In: DAL POZZO, Augusto Neves et al. *Parcerias público-privadas*. Belo Horizonte: Fórum, 2014.

MONTEIRO, Vera. *Concessão*. São Paulo: Malheiros, 2010.

_____. Legislação de parceria público-privada no Brasil – aspectos fiscais desse novo modelo de contratação. In: SUNDFELD, Carlos Ari. *Parcerias público-privadas*. São Paulo: Malheiros, 2005.

MONTESQUIEU. *O espírito das leis*. Trad. Pedro Vieira Mota. Saraiva: São Paulo, 1992.

MOREIRA, Egon Bockmann. Breves notas sobre a parte geral da Lei das Parcerias Público--Privadas. In: CASTRO, José Augusto Dias de; TIMM, Luciano Beneti (org.). *Estudos sobre parcerias público-privadas*. São Paulo: Thomson, 2006.

OLIVEIRA, Regis Fernandes de. *Curso de direito financeiro*. São Paulo: RT, 2006.

_____. *Curso de direito financeiro*. 4. ed. rev. e atual. São Paulo: RT, 2011.

_____. *Receitas não tributárias*. 2. ed. São Paulo: RT, 2004.

_____. *Responsabilidade fiscal*. São Paulo: RT, 2001.

_____; HORVATH, Estevão. *Manual de direito financeiro*. São Paulo: RT, 2003.

PEREIRA, Caio Mário da Silva. *Instituições de direito civil*. 16. ed. Rio de Janeiro: Forense, 2012.

PEREIRA, César A. Guimarães. O endividamento público na Lei de Responsabilidade Fiscal. *Revista Diálogo Jurídico*, n. 10, Salvador, jan. 2002.

PEREZ, Marcos Augusto. *O risco no contrato de concessão de serviço público*. Belo Horizonte: Fórum, 2006.

PINHEIRO, Armando Castelar. *Privatização no Brasil: por quê? Até onde? Até quando?*, p. 13. Disponível em: <http://www.bndes.gov.br/SiteBNDES/export/sites/default/bndes_pt/Galerias/Arquivos/conhecimento/livro/eco90_05.pdf>. Acesso em: 13 maio 2015.

POLLOCK, Allison; EDWARDS, Chris. *Private Finance Projects and off-balance sheet debt*: evidence. Great Britain: House of Lords, 2009-2010, p. 148 e ss. Disponível em: <http://www.publications.parliament.uk/pa/ld200910/ldselect/ldeconaf/63/63ii.pdf>. Acesso em: 421 abr. 2015.

RIBEIRO, Maurício Portugal; PRADO, Lucas Navarro. *Comentários à Lei de PPPs* – parceria público-privada: fundamentos econômico-jurídicos. São Paulo: Malheiros, 2007.

ROSA JUNIOR, Luiz Emygdio F. da. *Manual de direito financeiro e direito tributário*. 20. ed. rev. e atual. Rio de Janeiro: Renovar, 2007.

SANT'ANNA, Lucas de Moraes Cassiano. O federalismo e o financiamento de infraestrutura: a experiência do setor de infraestrutura de transporte rodoviário. *Interesse Público – Revista Bimestral de Direito Público*, ano 10, n. 49, Belo Horizonte: Fórum, maio-jun. 2008.

_____ et al. PPPs na área da saúde – a rede de atenção básica de Belo Horizonte e o Hospital do Subúrbio de Salvador. In: DAL POZZO, Augusto Neves et al. *Parcerias público-privadas*. Belo Horizonte: Fórum, 2014.

_____; SAULLO, Pedro Romualdo. *Step-in rights* e o Regime da Administração Temporária no âmbito da Lei de Concessões. *Revista Brasileira de Direito Público – RBDP*, ano 13, n. 49, Belo Horizonte: Fórum, abr.-jun. 2015.

_____; SAULLO, Pedro Romualdo. *Step-in rights* e o Regime da Administração Temporária no âmbito da Lei de Concessões. *Revista Brasileira de Infraestrutura – RBINF*, v. 1, p. 119-130, Belo Horizonte: Fórum, 2015.

_____; SAULLO, Pedro Romualdo. *Step-in rights* e o Regime da Administração Temporária no Âmbito da Lei de Concessões. *Revista Zênite – Informativo de Licitações e Contratos (ILC)*, n. 255, p. 459-468, Curitiba: Zênite, maio 2015.

SAVIOLI, Anna Beatriz. *Alocação de riscos e equilíbrio econômico-financeiro das PPPs*. Tese de Láurea. São Paulo: USP, 2013.

SEYMOUR, Richard. *A short history of privatisation in the UK*: 1979 to 2012. London: The Guardian, 2012. Disponível em: <http://www.theguardian.com/commentisfree/2012/mar/29/short-history-of-privatisation>. Acesso em: 24 abr. 2015.

SUNDFELD, Carlos Ari. *Fundamentos de direito público*. 4. ed. São Paulo: Malheiros, 2000.

_____. Guia jurídico das parcerias público-privadas. In: SUNDFELD, Carlos Ari (coord.). *Parcerias* público-priva*das*. São Paulo: Malheiros, 2005.

TORRES, Ricardo Lobo. *Curso de direito financeiro e tributário*. 15. ed. Rio de Janeiro: Renovar, 2008.

VALIM, Rafael; MARINHO, Gustavo de Carvalho. O caráter subsidiário das parcerias público-privadas. *Parcerias público-privadas*: teoria geral e aplicação nos setores de infraestrutura. Belo Horizonte: Fórum, 2014.

VANZELLA, Rafael Domingos Faiardo. Financiamento de projeto urbano. In: LAZZARINI, Sérgio (org.). *Arq. futuro*: financiamento da inovação urbana: novos modelos. São Paulo: BEI Comunicação, 2014.

YESCOMBE, E. R. *Principles of project finance*. Oxford: Academic Press, 2014.

_____. *Public-private partnerships*: principles of policy and finance. Oxford: Elsevier, 2007.

ZANCHIM, Kleber Luiz. Aporte de recursos nas parcerias público-privadas – contabilização e aspectos fiscais. In: DAL POZZO, Augusto *et al*. *Parcerias público-privadas*. Belo Horizonte: Fórum, 2014.

_____. *Contratos de parceria público-privada (risco e incerteza)*. São Paulo: Quartier Latin, 2012.

ZOCKUN, Carolina Zancaner. *Da terceirização na Administração Pública*. São Paulo: Malheiros, 2014.

ÍNDICE

SUMÁRIO 9

INTRODUÇÃO 11

1. ASPECTOS HISTÓRICOS DAS PPPS NO BRASIL 19

2. O ORÇAMENTO PÚBLICO, A DÍVIDA PÚBLICA
E A NATUREZA DAS DESPESAS COM PPPs 39

4. PPPs E ENDIVIDAMENTO 101

5. DEMAIS CONTROLES ORÇAMENTÁRIOS DAS PPPs 127

CONCLUSÃO 143

REFERÊNCIAS 147